한국문화사

이민식·이지원 지음

도서
출판 혜안

머리말

이 책은 대학에서 한국문화사에 대한 교양교육(Liberal Education)을 위한 교재로서 편찬하였다. 대학에서의 한국문화사 교육은 그 목적이 사회의 총체적 삶의 척도를 탐구함으로써 인간으로서 가치를 발견하고 심성을 순화시켜 교양인을 양성하는 데 있다. 또한 그러한 교육을 바탕으로 전공 영역 지식의 기술화를 도모할 때 보다 효과적인 고등교육이 이루어질 것이다. 특히 '세계화·국제화' 시대가 될수록 자국(自國)의 역사와 문화에 대한 이해는 생활인으로서 기본 덕목이 될 뿐만 아니라 세계인으로서 활약하는 데에도 더 큰 장점이 될 수 있기 때문이다.

한국은 적어도 같은 공간을 무대로 5000년 동안 역사를 발전시켜 온 그 역사와 문화의 유구성을 가지고 있다. 그러한 장구한 역사와 문화의 특성을 정해진 한도 내에서 습득한다는 것은 어려운 일이다. 이러한 어려운 점을 감안하면서 이 책에서는 선사시대부터 현대에 이르기까지 18개 주제를 설정하여 한 주제마다 2~3시간의 강의 내에서 이해가 가능하도록 내용을 구성하였다. 그러므로 내용상으로 보충하여야 할 필요성이 있는 대목이 있을 것이다. 이는 각 주제마다 또는 대목마다 필요한 보충자료, 문헌소개, 현장답사, 보고서 작성, 영상물 이용 등을 통해 보완하는 것이 필요하리라고 본다. 이러한 의도를 살리기 위해 책의 뒷부분에 약간의 자료를 소개하였다. 또한 가급적 많은 시간을 할애하여 주제를 두고 토론식으로 강의를 전개하거나 발표를 통하여 진행하는 것도 본래의 취지를 잘 살리는 효과가 있으리라고 본다.

의욕을 가지고 시작하였음에도 불구하고 제한된 시간내 구상하여 집필한 관계로 많은 부분에서 미진한 곳이 눈에 띈다. 앞으로 계속 연구하여 보완하고자 함에 있어서 이 책을 이용하시는 분들의 기탄 없는 지적과 충고가 있기를 바라는 바이다. 그리고 이 책은 두 명의 필자가 공

동으로 구상한 것으로서 1~7, 10장은 이민식 교수가, 8 · 9, 11~18장은
이지원 교수가 각각 맡아서 집필하였다.

　끝으로 여러 가지 어려운 사정에도 불구하고 이 책이 나올 수 있도록
도와주신 혜안출판사에 깊이 감사드린다.

1997년 12월　　지은이

차 례

1장 한국사 이해의 목적과 방법

1. 역사학이란 무엇인가?

역사라는 말은 영어로 History, 프랑스어로 Histoire, 독일어로 Geschichte라고 쓴다. 역사는 과거 인간행위의 총체적 사실을 두고 하는 말이다. 우리는 일상생활에서 "이 물건이 만들어진 역사를 말하여 보라", "당신의 집안의 역사는 언제부터입니까?" 등의 말을 자주 한다. 이같이 우리는 일상생활에서 대화중에 '역사'라는 말을 자주 쓰고 있다. 대개 이같은 경우 '역사'라는 말은 기원이나 사실의 과정 또는 유구성을 뜻한다. 그러나 과거의 사실, 유구성만을 가지고 '역사'라고 하지 않는다. 역사란 역사가가 과거 인간생활의 흔적인 역사적 사실을 일정한 방법으로 분석·논증하여 사실간의 상호 관련성을 밝혀 내고, 그것을 인과관계에 따라 재구성한 창조적 생산물이다.

따라서 역사학은 역사학자가 선택한 인간의 과거 행위, 경험을 연구대상으로 연구하는 학문이기 때문에 역사학의 연구 결과 다양한 역사상(歷史像)이 표출되곤 한다. 즉 역사학은 인간이 남긴 기록·유물·흔적 등 자료를 토대로 역사가의 사관(史觀)에 따라 서술하는 과학이다.

2. 사관(史觀)문제

사관문제는 역사이해의 관건이 된다. 사관이란 대체로 역사를 보는 눈, 역사에 대한 견해·해석·관념·사상 등의 의미를 지닌다. 이러한 인식체계에 의해 시대와 역사가에 따라 사실(史實)에 대한 선택과 해석이 달라지면서 역사는 객관적 진실에 가까워져 간다. 일례로 링컨의 노예해방령(1863)이나 콜롬버스의 신대륙 발견에 대한 상반된 서술을 들 수 있다.

사관의 문제는 시대와 지역에 따라 많은 차이와 변화를 거듭하였다. 서양의 경우는 헤로도투스(Herodotus)의 교훈적 역사관에서부터, 아우구스티누스(Augustinnus)의 신(神) 중심의 기독교 사관, 헤겔(Hegel) 중심의 변증법적 사관, 마르크스(Karl Marx) 중심의 유물사관 등 다양한 사관이 점철되어 왔다. 동양의 경우도 사마천(司馬遷)의 『사기(史記)』의 왕조사관(王朝史觀)에서부터 현재 민주사관(民主史觀)에 이르기까지 많은 사관이 인구에 회자하였다.

오랜 역사시대를 통해 인류는 기성의 역사관과 요구된 질서에 얽매이지 않고 그 때마다의 새로운 가치관을 수립해 나감으로써 사실의 선택이나 해석에 있어서 객관적 진실에 접근하고자 노력해 왔다. 여기에서 역사학·사관은 과거의 사실들을 대상으로 삼고 있지만 과거를 보는 당시의 현재적 요구, 시대정신과 얼마나 밀접한 연관을 가지고 있는지 깨달아야 할 것이다.

3. 한국의 사관문제

한국인은 삼국시대부터 역사에 관심을 가져 왔다. 『문헌비고(文獻備考)』에 의하면 고구려·백제·신라의 최초의 역사편찬 사실을 엿볼 수 있다. 그러므로 우리 나라의 사관문제는 삼국시대부터라고 할 수 있다. 고구려는 국초부터 『유기(留記)』가 있어 왔는데 이문진(李文眞)이 영양왕의 명에 따라 『신집(新集)』5권을 편찬하였다. 신라는 거칠부(居柒夫)가 진흥왕에게 역사의 중요성을 진언하고 왕명으로 『국사(國史)』를 편찬하였다. 백제는 근초고왕 이전에도 역사편찬이 있었고 고흥(高興)이 왕명에 따라 『서기(書記)』를 편찬하였다. 그러나 이 사서(史書)들은 현재 남아 있지 않다. 우리 나라에서 현존하고 있는 가장 오래 된 사서는 '한국 역사학의 아버지(Father of Korean History)' 김부식(金富軾)이 편찬한 『삼국사기(三國史記)』이다. 왕조시대 우리 나라는 모든 문헌을 경(經)·사(史)·자(子)·집(集)으로 분류한 것에서 알 수 있듯이 경전에 이어 역사서를 중요시하였다. 정사(正史)인 서거정(徐居正)의 『동국통감(東國通鑑)』을 비롯하여, 별사(別史)·야사(野史)·실록(實錄), 『국조보감(國朝寶鑑)』처럼 제왕에게 귀감이 되는 내용, 『기자실기(箕子實記)』·『오륜행실(五倫行實)』과 같은 전기, 『경국대전(經國大典)』·

태백산사고

『대전회통(大典會通)』과 같은 법전, 『동국여지승람(東國輿地勝覽)』·
읍지(邑誌) 등 지리서를 사류(史類)로 분류하였다.

우리 나라는 관찬사업을 무기로 삼아 왕조의 절대성을 유지 계승하
려 하였다. 그래서 『실록』, 『승정원일기(承政院日記)』, 『일성록(日省
錄)』, 『비국등록(備局謄錄)』, 승문원(承文院)에서 발행하는 외교문서가
편찬되었다. 이 중에 실록편찬은 국가적인 사업으로 행하였다. 다음 대
의 왕은 실록청을 설치하고 어전필기(御前筆記), 사단(史斷 : 정책단
안), 서졸(書拙 : 인물평가) 등 사초(史草 : 時政記)를 토대로 실록을 편
찬하였다. 어전필기를 할 때 보면 우좌(右左) 한림(翰林) 주서(注書)가
기록하였다. 『명종실록(明宗實錄)』에 보이고 있는 종사자를 보면 총재
관(總裁官 : 책임자), 도청당상(都廳堂上 : 편집책임자), 방당상(房堂
上), 낭청(郎廳 : 서기)으로 구성하였다. 조선조의 처음 실록명은 『태조
강헌대왕실록(太祖康獻大王實錄)』이다.

조선조 실록은 봉안사(奉安使)에 의하여 춘추관(春秋館), 전주사고
(全州史庫), 성주사고(星州史庫), 충주사고(忠州史庫)에 각각 보관하여
오다가 임진왜란 때 전주사고 이외에는 모두 불타버렸다. 그 뒤 전주사
고를 묘향산으로 옮기고 증간하여 태백산사고(太白山史庫), 마니산사
고(摩尼山史庫), 무주적상산사고(茂朱赤裳山史庫)에도 비치하였다.

18·19세기에 오면 지식인들은 왕조사관에 만족할 수가 없었다. 임진왜란·병자호란 등 외세의 침략, 천주교의 전래와 서양문물의 유입, 민란의 발생, 중국 고증학의 유입 등으로 실사구시(實事求是)·경세치용(經世致用)·이용후생(利用厚生)의 실학이 발생하였다. 왕조시대 사관은 왕권을 절대화하기 위한 시녀에 불과하였으나 실학기의 사관은 자국사(自國史)에 대한 서술이 특이하다. 한치윤(韓致奫)은 단군에서 고려까지의 연구서인 『해동역사(海東繹史)』를 서술하였고, 지리고(地理考)에서 발해사를 서술하였다. 정약용(丁若鏞)도 『아방강역고(我邦疆域考)』에서 발해사를 서술하였다. 이를 보건대 단군, 발해 등에 대한 연구의 중요성을 인식한 것은 이미 실학기부터였다고 할 것이다.

이외에도 이긍익(李肯翊)은 조선의 역사서인 『연려실기술(燃藜室記述)』을 저술하였다. 실학이 중세에서 근대로 이행되는 과정에서 발달한 학문이기 때문에 실학사관은 왕조사관에서 근대사관으로 넘어오는 '과도기적 사관'이라고 할 수 있다.

실학의 실사구시 정신은 근대로 넘어오면서 그대로 개화사상에 이어졌다. 『해국도지(海國圖志)』, 『영환지략(瀛環志略)』 등 저서를 통하여 개화사상가들은 새로운 신세계에 눈을 뜨면서 자아의식이 강대하여졌다. 이에 따라 김택영(金澤榮)의 『동국역대사략(東國歷代史略)』, 현채(玄采)의 『동국사략(東國史略)』 등의 자국사가 편술되었다. 이 시대의 역사편술의 한 특징은 서양인이 한국사에 대하여 관심을 갖기 시작하였다는 점이다. 달레(Claude Charles Dallet : 1829~1878), 오펠트(Ernest J. Oppert), 로스(John Ross), 그리피스(William Elliot Griffis : 1843~1928) 등이 대표적이다. 달레는 『조선교회사(Histoire de L'Eglise de Corée)』, 오펠트는 『금단의 나라 조선(A Forbidden Land, Vayage to the Corea)』, 로스는 『한국사(History of Corea)』, 그리피스는 『은둔의 나라, 조선(Corea, the Hermit Nation)』을 저술하였다. 이들의 저술 목적은 자국에 당시 세계에 알려지지 않은 조선에 대하여 정보를 제공하는 데 있었다.

20세기 초 일제 침탈의 암흑기를 맞이하여 우리 민족의 최대 목적은 '독립'이 되었다. 따라서 일제기의 역사서술의 경향으로는 우리 민족이 처한 시대적 상황을 극복하려는 민족사관(民族史觀)이 발달하였다. 박은식(朴殷植)은 『한국통사(韓國痛史)』를 통하여 '혼(魂)'을 역설하였다.

정인보(鄭寅普)는 '얼', 신채호(申采浩)는 '낭가정신(郎家精神)', 문일평(文一平)은 '조선심(朝鮮心)'을 강조하면서 자국사를 저술하였다. 이 시대는 이병도(李丙燾)를 비롯하여 김상기(金庠基)·손진태(孫晉泰)·송석하(宋錫夏)·고유섭(高裕燮)·이상백(李相佰)·이능화(李能和) 등 실증주의사학(實證主義史學)도 발달하였다.

일인들은 식민지정책을 합리화하기 위하여 식민사관을 창안하였다. 식민사관은 민족사관이 대륙사관(大陸史觀)인 데 비하여 반도사관(半島史觀)과 정체론(停滯論)이 그 핵심을 이루고 있다. 신공황후(神功皇后)의 신라정벌설, 임나일본부설(任那日本府說) 등이 그 한 예이다.

1945년 해방의 기쁨은 잠시, 조국은 남북분단의 쓰라린 고통을 겪어야 했다. 따라서 남북한은 각기 다른 분단사학(分斷史學)을 창출하게 되었다. 그래서 북한은 유물사관·주체사관, 남한은 민족·민주사관에 입각하여 다른 사론(史論)을 펴고 있다. 유물사관의 시원은 일제시대까지 거슬러 올라갈 수 있으나 도식적이고 교조적 관점에 문제가 있다. 즉 그들은 역사발전을 원시공산체사회→노예제사회→봉건제사회→자본주의사회→공산주의사회로 발전한다고 이론을 폈다. 또한 1960년대 이후 북한은 주체사상의 발전을 기반으로 주체사관을 역사연구의 핵심사상으로 삼고 있다. 북한의 근현대사가 김일성 중심으로 서술되는 등의 문제점은 거기에 연원하는 것이다. 민족·민주사관은 1960년대 이후 특히 활기를 띠기 시작하여 지금에 이르고 있다.

앞으로 우리 나라는 언젠가는 통일을 이룩하여야 한다. 따라서 통일 조국에 대비하기 위한 새로운 통일사관(統一史觀)의 수립이 절실히 요망된다.

4. 한국사의 특징

앞에서 논의한 역사학의 특징, 사관문제 등을 전제로 한국사의 특징을 정리하면 다음과 같다.

첫째로 한국사는 동아시아 및 세계사적 보편성과 민족적 특수성을 함께 살려 발전시켜 온 역사라고 말할 수 있다. 이 같은 결과로 한국문화는 세계성을 띤 문화로 발전하였다. 1995년 유네스코(UNESCO)에 의해 세계 문화유적으로 지정된 석굴암(石窟庵)을 위시하여 대장경(大藏

석굴암 본존

經) 조판, 측우기(測雨器) 발명 등 많은 문화적 유물이 그러함을 입증하고 있다. 둘째는 한국 5000년사상 976회의 외침 속에서도 우리의 역사는 존속하였다는 점이다. 과거 우리 민족을 위협하였던 여진족·거란족·만주족 등 주변민족이 다 망하고 없으나 우리는 지금까지 존속하고 있다는 사실이 그러함을 입증하고 있다. 그래서 우리는 한국적 전통문화를 지금까지 유지하고 있다. 역설적으로 설명한다면 한국적 전통문화가 5000년 역사의 존재를 가능케 한 요인이 되었다고 할 수 있다.

셋째는 한국사는 통일국가를 지향·발전한 역사라 할 수 있다. 예를 들면 고대부터 소분립의 국가형태에서 삼국통일, 고려, 조선 등으로의 역사 발전 흐름은 통일국가 형성을 지상목표로 하였다는 사실을 단적으로 인식하게 해준다.

넷째는 한국사는 자연환경과 더불어 순응·발전하여 온 역사이다. 이러한 사실은 우리 나라의 역사가 평지가 적고 산과 강이 많으며 온대성 및 아열대성 기후의 자연환경과 밀접한 관련 속에서 발전하여 왔다는 데서 알 수 있다. 산지가 많기 때문에 부족국가 시대에는 수많은 국가를 형성하였으며, 강이 많기 때문에 강을 끼고 고구려·백제·신라·조선 등이 문화를 발전시킬 수 있었다. 그리고 이러한 지형조건과 함께 기후의 변화도 농업에 적합하여 일찍부터 농경문화를 이룩하였다.

5. 한국사와 교양

위와 같은 한국사 인식 하에 오늘을 사는 젊은 세대가 역사와 교양을 접목시켜 간다면 사고의 깊이를 더하고 삶의 질을 윤택하게 할 수 있으리라고 본다. 이하 간략하게 교양으로서 역사이해의 유용성을 제시하고자 한다.

현대 민주주의 국가는 국가 안에 거주하는 모든 주민을 포괄적으로 시민(citizen)이라고 한다. 어원은 프랑스어 부르주아(bourgeois), 독일어 불거(buerger)에서 유래한다. 현대사회 시민의 특징은 정치·경제·사회·문화 등 다방면에 접촉 교류하면서 삶을 이어간다는 데 있다. 그래서 보다 삶의 질을 높이기 위하여 인간마다 애를 쓴다. 역사전공자가 아닐지라도 역사이해를 교양으로 학습하여야 하는 이유가 여기에 있다고 할 수 있다. 즉 역사를 통한 민주시민성 함양이 역사이해의 일차적 목표라고 할 수 있다. 이것이 역사이해의 첫째 이유이다.

역사는 모든 학문과 관련이 있는 기초 및 보조 학문이다. 기술을 연구하는 사람에게는 기술사, 경제를 연구하는 사람에게는 경제사, 문학을 공부하는 학생에게는 문학사 이해 등이 필요하다. 그러나 이러한 분야사는 해당시대의 전반적인 배경 속에서 발전하였다. 그러므로 각 분야의 시대적 배경을 종합적으로 설명해 주는 역사이해는 모든 학문의 기초가 된다. 이것이 역사를 이해하여야 하는 둘째 이유이다.

오늘날까지의 인류문명은 하루 아침에 이루어진 것이 아니다. 그러므로 지금까지 인류가 이루어 놓은 모든 문화를 하루 아침에 다 숙지할 수는 없다. 필요한 분야를 인간이 선택한 다음 과거의 경험(역사)을 적절히 이용함으로써 차원 높은 문화를 창조할 수 있다. 그러므로 역사학은 실용학문이다. 이것이 역사를 이해하여야 하는 세번째 이유이다.

역사 속에는 많은 지식의 보고(寶庫)가 있다. 많은 성인·성철은 물론 학자들의 지식이 역사 속에 들어 있다. 그러므로 이분들의 말을 참고 삼아 인생관·세계관 확립에 도움을 얻을 수 있다. 이것이 네번째 이유이다.

한국이 나라답고 한국인이 사람다운 것은 민족사가 존속하기 때문이라는 사실을 모르는 이는 없다. 민족사는 민족의 긍지요 나아가 국제진출의 발판이 된다. 그러므로 한국인으로 대접을 받으려면 한국사와 그 문화에 대한 기본 소양은 누구든지 다 갖추어야 한다. 역대 한 군사정권은 체제유지를 위한 국수적 민족주의의 한국사관(韓國史觀)을 강요한 적이 있다. 이것은 군사문화의 단면이기 때문에 수긍할 수 없다. 그러므로 지금은 전통문화를 객관적으로 평가한 토대 위에서 세계문화와의 접목으로 이루어진 새로 창조된 문화가 필요하다. 이것이 다섯번째 이유이다.

2장 원시 한국의 사회와 문화

　문화를 창조하거나 교류하면서 살아가는 것이 역사의 주체인 인간이다. 그러므로 인간연구는 역사학의 핵심을 이루고 있다. 이와 같으므로 역사학에서 처음 부딪치는 문제는 '인간의 발생'에 관한 것이다. 인간의 발생 문제에 대하여 기독교 등에 보이는 종교적 논의의 경우도 있으나 고고학·인류학 등 과학의 힘을 빌려 해답을 얻어야 한다. DNA연구에 의하면 인간과 침팬지가 구분되기 시작한 것은 1천만~5백만 년 전부터라 한다. 지구상에서 발견된 오래 된 인간의 화석은 아프리카에서 발견되고 있다. 가장 오래 된 화석은 오스트랄로피테쿠스 아파렌시스(*Australopithecus afarensis*)로 그 연대가 350만 년 전의 것이다. 이 인간은 엄격히 말하면 현대인간(현생인류)이 아니다. 이들이 걸어다니면서 도구를 사용하여 사냥을 한 흔적을 엿볼 수 있다. 3백만~2백만 년 전에는 아프리카누스(*africanus*), 로부스투스(*robustus*), 보이세이(*boisei*) 3종의 유인원이 출현하였다. 이 중에서 아프리카누스가 현대인간과 가장 가깝다. 2백만 년 전 출현한 호모 하빌리스(*Homo habilis*)는 최초로 타제석기(打製石器)를 사용한 흔적을 보여주고 있다. 자바·중국 등지에서도 호모 하빌리스가 사용하였던 도구와 비슷한 것이 발견되는데, 이들이 2백만 년 전에 그 곳으로 가서 남긴 유물로 보인다. 150만 년 전 호모 에렉투스(*Homo erectus*)가 출현하였다. 호모 에렉투스는 호모 하빌리스가 진화한 유인원이다. 이들은 아슐리안계(Acheulia) 문화권에 속하였다. 도끼 제작으로 유명한 이 문화는 유럽과 서아시아로 전파되었다. 자바와 중국에서는 80만~70만 년 전 호모 에렉투스의 유골이 발견되었다. 중국 주구점(周口店)에서는 40명의 인골이 발견되었으나 1930년대 일본인들에 의해 많은 훼손을 당하였다. 주구점 인간들은 몽고족, 아메리카 인디언과 두개골이 유사하다. 40만~35만 년 전 주구점 인간들은 양·말·돼지·물소·순록 등을 수렵하고 불을 사용하여 음식을 만들어 먹었다. 구석기시대는 지질학상 홍적세에 해당되는 시기로서 4기의 빙하기와 17기의 간빙기가 존재하였다. 간빙기에 생존한 주구점 인간은 유럽·중앙아시아·우리 나라·일본·몽고 등지에 퍼졌다. 그러므로 구석기시대 한반도에 생존하였던 유인원은 주구점 인간들이다. 홍적세 빙하기의 한반도는 지금보다 좁았으며 발해만과 황해는 산동반도와 한반도의 연접으로 호수를 이루었고, 한반도와 쓰시마의 연결로 일본과는 육교처럼 이어져 있었다. 따라서 구석기시대 호모 에렉투스가 한반도를 거쳐 일본으로 흘러 들어갔다.

1. 구석기 문화

호모 에렉투스가 이룩한 문화의 흔적은 한반도 여러 곳에서 엿볼 수 있다. 일제시대 발굴된 동관진 유물이 그 효시이다. 1933년과 35년의 두 차례에 걸친 발굴 결과, 짐승의 뼈와 더불어 타제석기가 출토되었다. 당시 나오요시(直良信夫)는 구석기시대의 존재를 주장하였으나 이는 안타깝게도 일본 관리에 의하여 묵살되고 말았다.

우리 나라는 1960년대 이후 집중적으로 구석기인의 흔적을 찾는 데 관심을 갖기 시작하였다. 그 동안 해방 이후의 들뜬 기분, 6·25의 민족적 비극, 4·19혁명 등을 거치는 동안 잊었던 민족 자의식의 발로로 한국사에 관심을 갖기 시작하였기 때문이다. 제주도 빌레못 동굴에서는 동물의 뼈와 구석기시대의 도구가 발견되었다. 당시 제주도는 한반도와 육교처럼 연결되어 있었기 때문에 이 유물들은 호모 에렉투스의 것이다. 금강유역의 공주 석장리 유물은 3만 년 전 구석기의 것이다. 중국이나 일본에서도 석장리 구석기와 비슷한 것이 발견되고 있음은 무엇을 의미하는 것인가? 석장리 유적에서는 굴포리와 함께 포도 꽃가루가 발견되었다. 이것은 농업생활을 암시하는 사실이라고 할 수 있다. 그러나 이 문제를 농경생활과 관련시켜 해석하는 것은 오류이고, 단순히 고생물학적 화석의 발견으로 해석하여야 할 것이다. 1963년부터 발굴하기 시작한 상원 유적은 한국 구석기시대의 원년문제를 해결하는 데 중요한 역할을 하였다. 상원 유물은 도로 개설중 동굴의 일부 파손으로 구석기 유물이 출토되어 빛을 보게 되었다. 유물 가운데 제3기 말인 지금

석장리집터 복원도

덕천 승리산인 복원 조각

으로부터 60만 년 전에 사멸된 습들쥐의 화석이 출토되었다. 이는 유물 연대측정의 길잡이가 되었고, 따라서 한국 구석기시대의 원년은 60만 년 전부터라는 해답이 나오게 된다. 그 밖에도 경기도 전곡리, 단양 금굴, 청원의 두루봉 동굴 등에서 구석기 유물이 출토되었다. 또 북한의 평양 상원구역 용곡리 동굴유적에서는 구석기인의 유골이 출토되었다.

용곡리 동굴유적은 제1호 동굴과 제2호 동굴로 구분되어 있었는데 제1호 동굴은 길이가 약 40m이며 여기서 머리뼈·아래턱뼈·몸통뼈 등 인간화석이, 제2호 동굴은 10개의 퇴적층으로 구성되어 있는데 인류화석 2점 (아래턱뼈)이 발견되었다. 또 평남 덕천시 승리산 유적지에서 50만 년 전의 인골조각이 발견되었다. 충북 청원군 가덕면 노현리 두루봉 유적에서는 5세 남자 어린이로 추정되는 4만 년 전의 인골이 발견되었다.

이같이 구석기시대의 유물 발굴사업으로 일제시대 일본인들의 한국 구석기 부정론은 허위적 오류임이 판명되었다.

구석기인은 무리사회를 이루고 군거잡혼 생활을 하였다. 옷은 입지 않고 부끄러운 곳만 가리고 다니면서 나무열매나 짐승 또는 물고기를 잡아먹었다. 이들이 사

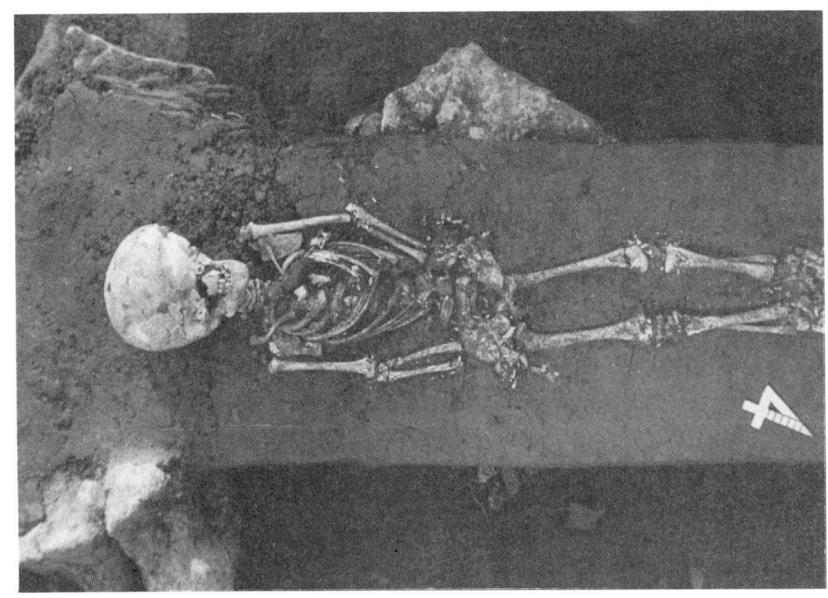

두루봉동굴출토
홍수아이

용하였던 도구는 자연석·타제석기·나뭇가지 등이다. 그들은 사유재
산의 개념을 갖고 있지 않았고 유랑생활을 하며 동굴에서 잠을 잤다.

구석기인의 삶에서 가장 두려운 대상은 자연의 재해와 맹수였다. 이
들 문제에 대처하는 데 육체적 조건은 빈약하였으나, 그들은 불을 발견
하고 지혜와 손을 사용함으로써 그 결점을 극복하였다. 이 점은 동물과
비교하면 최대의 장점이다. 지혜와 손을 이용하여 도구를 만들고 그것
을 활용함으로써 문명을 창조하였다. 창조된 문명은 언어에 의하여 다
음 세대에 전해지고 인간은 더 발달된 문명생활을 향유할 수 있었다.
매장의 풍속, 원시종교, 원시예술도 싹트게 되었다.

2. 신석기 문화

B.C. 4천 년경부터 원시무늬없는토기를 만들어 썼다. 이 토기는 부산
동삼동 패총 1층에서 발굴되었다. 동삼동 패총에서는 제2층에서 빗살무
늬토기, 제3층에서 무늬없는토기가 발견되었다. 빗살무늬토기는 밑이
팽이처럼 뾰족하다. 이것은 어업생활과 관계가 깊어, 해변가나 강가에
서 발견되고 있다. 한국인의 현생인류는 빗살무늬인이다. 궁산리·치탄
리·동삼동에서는 골각기가 발견되었다. 동삼동의 골각기 중에는 고기

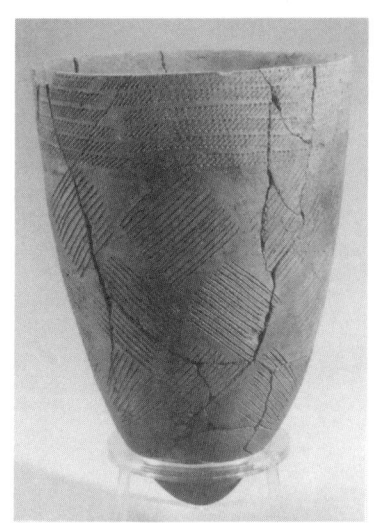

암사동 집터와 빗살무늬토기

잡이에 이용되는 도구류가 발견되었다. 동삼동 부근의 타지역에서는 골
각기가 발견되지 않고 있는데, 그 이유는 동삼동의 흙만이 골각기 보존
에 적합하기 때문이다. 일반적으로 토기의 사용은 농업생활과 깊은 관
계가 있다. 치탄리에서 빗살무늬인이 남긴 탄화된 기장, 수수 등이 발견
되고 있는 것은 그 같은 사실을 반증하고 있다. 곡물을 토기에 담아 발
효시킨 술도 인간에게 알려졌다. 이처럼 신석기시대 후기에 시작된 농
경을 영국의 차일드(G. V. Childe)는 '신석기혁명(Neolithic Revolution)'
이라고 불렀다.

이 시대에는 목축도 행해졌는데 우리 나라는 동부지방과 서부지방에
서 차이가 나타난다. 동부지방은 산악지방이라 식육동물을 위주로 하였
고, 서부지방은 풀이 많기 때문에 사슴 등 초식동물 중심으로 사육하였
다. 신석기인이 사냥을 하거나 일상생활을 할 때 썼던 무기는 마제석기
이다. 타제석기를 사용하였던 구석기인과 비교하면 신석기인의 마제석
기 사용은 엄청난 변화이다.

B.C. 8천 년경부터 세계의 기후는 오늘날의 기후와 유사해졌다. 즉
기후가 온난하여 북한지방에는 물소 등이 많이 생존하였고, 그래서 물
소뼈가 이 지방에서 많이 출토되고 있다. 이 문제는 아직도 많은 연구

를 필요로 하고 있다. 한강 중류에는 기장·수수·포도·삼·콩이 재배되었다. 전라도 지방에는 쌀이 재배되었다.

신석기인의 거주지는 강변이나 해변의 언덕이다. 이것은 습기를 피하기 위함이 목적이다. 그들의 거주형태는 수혈·부석·동굴이다. 수혈의 유적은 암사리 유적지 등이 대표적이다. 수혈은 수혈내 노지가 있는 것이 특징적이다. 부석은 큰 냇돌을 흙을 돋운 장방형의 땅 위에 깔고 그 위에 풀·짚·짐승의 가죽을 깐 것으로, 신석기인이 그 위에 기거하였다. 돌과 돌의 틈 사이에서 빗살무늬토기가 발견되고 있으며 북쪽에는 7~8개의 노지가 설치되어 있다. 1971년 강원도 춘성군 내평리 소양강변에서 발견되었다. 동굴은 평북 의주군 미송리와 강원도 춘성군 교동에서 발견되었다. 동굴 내부에는 그을린 흔적이 남아 있어 구석기인과 마찬가지로 불을 사용하였음을 알 수 있다. 그들의 풍속 중에는 '매장'도 있었다. 신석기시대의 사회형태는

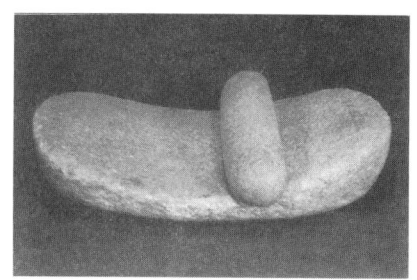
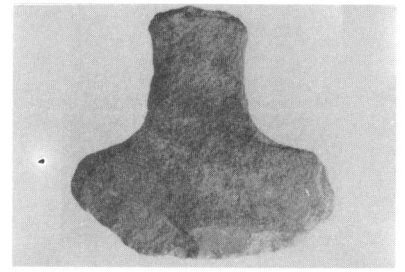
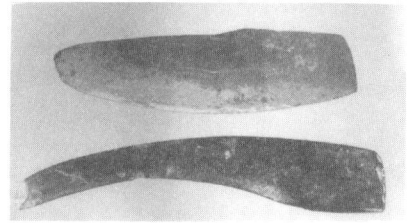

신석기시대 갈돌판·괭이·낫

씨족사회이다. 농경을 하며 정착생활을 한 이들의 초기 형태는 모계제 씨족사회이다. 그러나 농경생활은 분업을 요구한다. 남자는 땅을 판다든가 짐을 진다든가 힘든 일을 맡게 되고 여자는 열매를 딴다든가 씨를 뿌린다든가 쉬운 일을 맡아 보게 되었다. 이 같은 자연적 분업으로 자연히 남자의 위치가 강해지고 부계제 사회가 형성되었다. 과거 모계제 사회의 유제(遺制)는 화백제도, 화랑제도, 예서제(豫婿制) 등에서 엿볼 수 있다. 신석기시대는 다산(多産)이 중요하였기 때문에 여성숭배신앙이 발달하였다. 성모(聖母)·신모(神母)·노고(老姑)·할미·할머니 등 여성신명이 이를 반증한다. 씨족사회의 특징은 씨족장이 씨족을 통솔하며 씨족회의를 여는 것이다. 씨족내 모든 재산은 공유이며 사유재산제도가 발달하지 못하였다. 그러나 씨족과 씨족 간의 전쟁 등에 의하여 점차 혈족적인 씨족사회는 무너지고 지연적인 부족사회가 형성되었다. 부족사회 형성은 청동기 문화를 바탕으로 하였다.

3장 단군의 건국과 부족국가의 발달

1. 단군의 조선 건국

조선은 민족사상 청동기 문화를 바탕으로 출현한 최초의 국가이다. 『삼국유사』에 따르면 단군(檀君)이 지금부터 5천 년 전에 조선을 건국하였는데, 그 내용을 보면 다음과 같다.

魏書云 乃往二千載 有檀君王儉 立都阿斯達 …… 開國 號朝鮮 如高同時 ……

단군영정

이에 의하면 국호를 '조선(朝鮮)'이라고 하면서 건국한 것은 중국의 요(堯)가 즉위한 때와 같다고 하였으니 단군은 B.C. 2333년에 건국하였다. 중국의 요녕지방과 북한지역에 걸쳐 비파형동검 같은 요녕식 청동기가 발굴되고 있다. 한반도 북부지역에서 이러한 청동기 문화를 향유한 집단에 의해 고조선이 경영되었으리라 짐작된다.

흔히 단군 언급에 대한 문제에서 『삼국사기』가 도외시되고 있는 것이 학계의 현실이다. 『삼국사기』에 '단군'이라고 분명하게 쓴 기록은 보이지 않고 있다. 그러나 김부식은 단군에 관한 내용을 '신선(神仙)'이라는 명칭을 쓰면서 소개하고 있다. 『삼국사기』 권17, 고구려 동천왕

21년 봄 2월조에 그 같은 내용이 실려 있다.

일제시대 식민사관에서는, 일연(一然)이 몽고지배에 대한 반발로『삼국유사』는 저술하였고 그 때문에 단군의 건국 이야기는 신화에 불과하며 따라서 한민족의 참된 조상은 박혁거세라고 주장하였다.

2. 기자동래설

은(殷)나라의 마지막 왕인 폭군 주왕(紂王)의 삼촌 기자(箕子)가 동래(東來)하여 평양(平壤)에서 조선의 왕이 되었다는 설이 있다. 주왕에게 여러 번 현명한 정치를 설득하였으나 오히려 감옥에 수감되었던 기자는 은나라가 망하자 뱃길로 평양에 와서 조선의 왕이 되었다는 것이다. 우리 나라는 역대로 이를 진실이라고 믿어 왔다. 고려 숙종 이후부터는 예부(禮部)가 주관이 되어 기자의 제사를 지내 왔다. 조선 말 제너럴 셔먼 호(General Sherman) 사건 때 승무원들이 끌려간 곳도 기자묘(箕子廟)가 있는 곳이었다. 독립협회의 국사교과서에도 기자가 우리 나라의 참 조상이라고 기록하였다. 흥사단이 편찬한 초등학교용 교과서에도 기자가 조선의 왕이 되었다고 기록하였다[흥사단 편집부, 『초등본국약사(初等本國略史)』권1, 1909, 2~4쪽]. 그러나 많은 사람들은 기자동래설을 부정하고 있다. 기자국은 은나라가 망하자 은나라 제후였던 기자가 중국의 동북부지방으로 이동하여 난하를 경계로 존속한 나라라고 보는 것이 그 한 예이다.

3. 위만의 건국설

연나라의 노관이 신흥 한(漢)에 배반하여 혼란함에 위만(衛滿)이 무리 1천여 명을 이끌고 조선에 와서 서변 100리의 땅을 지키다가 기자의 손자 우거왕(右渠王)을 쫓고 조선의 왕이 되었다는 설이다. 조선 말 신체사가 현채(玄采)는 "위만은 연(燕)나라 사람이라 한 고조 12년에 연왕(燕王) 노관의 난을 인하여 조선에 입(入)하야 기준(箕準)을 축(逐)하고 평양에 도(都)하야……"라 하면서 중국인 위만이 조선에 와서 정권을 잡은 것으로 기록하고 있다[현채, 『동국역사(東國歷史)』권수, 학부, 1899].

이같이 많은 사람들이 위만에 대하여 왜곡된 서술을 하여 온 것이 사실이다. 『사기(史記)』 조선열전(朝鮮列傳)을 인용하여 위만이 상투를 틀고 조선옷을 입고 조선의 왕이 되었으며, 위만조선을 한나라와 고조선 사이 발해만 북부에 있었던 정치집단으로 이해하는 견해도 있다.

4. 고조선 사회

　단군시대의 통치형태는 제정일치로 단군은 군장(君長)이었다. 당시 조선은 청동기시대였다. 또 엄격한 법치국이었다. 환웅이 360여 가지 법을 만들어 '홍익인간(弘益人間)'을 하였다. 또 조선은 '8조의 법금(箕子八條敎)'이 있었다. '8조의 법금'은 『한서(漢書)』 권28, 지리지 연조에 실려 있다. 현재 전해 내려오는 것은 3개 조뿐이다.

1) 사람을 죽인 자는 즉시 사형에 처한다.
2) 남의 신체를 상해한 자는 곡물로써 갚는다.
3) 남의 물건을 도둑질한 자는 노비로 삼고, 자속하려면 50만 전을 내야 한다.

　50만 전으로 자속한다는 내용은 한나라 시대의 법으로 누군가가 붙인 것이다. 이 법을 통하여 당시 사회는 만민법, 인간생명의 존중, 농경사회, 사유재산제도, 노예제도가 발달하였음을 알 수 있다. 3개 조 이외에 금간의 풍속에 관한 조목이 있었을 것이라고 추정된다. 밤에 문도 닫지 않았으며 여자들은 정숙하였다는 일절이 그 같은 사실을 증명한다.

5. 한사군 설치와 낙랑문화

　한사군은 낙랑(樂浪)·진번(眞番)·임둔(臨屯)·현도(玄菟)의 4군으로서 한(漢) 무제가 군현제에 따라 설치하였다. 군(郡)은 오늘날 우리나라의 도(道)에 해당하는데, 한사군 설치는 우리 민족의 끈질긴 저항을 불러일으켰다.
　한사군에 대한 논의는 대부분 그 위치에 관한 것이다. 한반도내설과 한반도외설이 그러한 것이다. 반도내설에 의하면, 마지막까지 존속한 낙랑군은 대동강 토성리 일대에 많은 유물·유적을 남겨 놓았다. 그래서 토성리 일대를 '한의 알렉산드리아(Alexandria)'라고 하는 학자도 있다. 한사군 설치에 대하여 기자조선·위만조선과의 연계 하에서 한반도외설을 주장하는 이도 있고, 대동강 중심설을 내세우는 이도 있다.

6. 부족국가의 발달

(1) 부여

우리 나라 부족국가는 북부지방에 부여(夫餘)·고구려(高句麗), 동부지방에 동예(東濊)·옥저(沃沮), 남부지방에 마한(馬韓)·진한(辰韓)·변한(弁韓)의 삼한(三韓)이 있다. 농안·장춘 지방에 A.D. 1세기경부터 국가체제를 형성한 부여는 북부여·동부여·졸본부여·중부여·남부여로 구성된 연맹체국가였다. 부여의 관제는 마가(馬加)·우가(牛加)·저가(猪加)·구가(狗加)·대사자(大使者)·사자(使者) 등이 있었다. 가(加) 위에 말·소·돼지·개 등 가축의 명칭을 쓴 것은 수렵시대의 유속(遺俗)이 존속하였음을 말해 주는 것이다. 피통치계급으로는 하호(下戶)·노예(奴隷)가 있었다. 하호는 양민(良民)이기 때문에 순장 대상에서 제외되었으나, 외관상으로는 노예와 구분하기 어려웠다. 은정월(殷正月:12월)에 영고(迎鼓)라는 행사를 치렀는데, 12월에 이 같은 행사를 치른 것은 추수감사제가 아니라 수렵생활과 관련 있는 행사이기 때문이다. 또한 군혼(群婚)의 유풍인 형사취수(兄死取嫂)의 풍속이 있었다. 전쟁이 일어나면 소를 죽여 발굽을 보고 점을 쳤는데, 은나라의 갑골점법(甲骨占法)과 유사하다. 부여는 중국문화의 영향을 받은 나라이다. 중국의 고대 제기(祭器)인 저두를 사용한 것이 그러한 사실을 증명하여 주고 있다.

(2) 고구려

고구려는 압록강 중류 동가강 유역에서 발생한 부족국가였다. 소노부(消奴部:捐奴部), 계루부(桂婁部), 절노부(絶奴部), 순노부(順奴部), 관노부(灌奴部)의 5부족으로 구성된 부족연맹국가였다.

고구려 사회는 좌식계급(座食階級)과 하층계급으로 구성되었다. 10

월에는 추수감사제인 동맹(東盟)이라는 행사를 거행하였다. 모계사회의 유풍으로 데릴사위제인 예서제(豫婿制)가 유행하였고, 법은 1책12법(一責十二法)으로 엄하였다.

(3) 옥저

옥저는 함흥을 중심으로 한 부족국가로 고구려의 압력을 받아 당시 부족국가 중 후진성을 면하지 못하였다.

통일국가의 왕은 없고 각 부락의 우두머리인 삼로(三老)가 다스렸다. 옥저는 예부제(豫婦制)인 민며느리제도가 유행하였다.

(4) 동예

동예는 옥저 남쪽인 지금의 영흥·문천·덕원·안변 등지에 있었던 부족국가로 옥저와 마찬가지로 후진적이었다. 각 부락의 장인 후(侯)·읍군(邑君)·삼노(三老)가 부락을 다스렸다. 10월에는 무천(舞天)이라고 하는 추수감사제가 열렸다. 책화(責禍)의 풍이 있었는데 이것으로 사유재산제도가 존재하였음을 알 수 있다. 산업이 발달하여 단궁(檀弓)·반어피(班魚皮)·과하마(果下馬)가 생산되었다.

(5) 삼한

남부지방에 있었던 부족국가를 중국인들은 진국(辰國)이라 하였다. 고조선의 준왕(準王)이 광주(廣州) 피난 이후 유이민한 사회를 한(韓)이라고 하였다. 한은 마한·진한·변한으로 마한의 목지국(目支國 : 月支國)이 맹주였다. 마한의 백제국(伯濟國)은 한강 유역에 위치하고 있었는데 나중에 고대국가 백제로 발전하였다. 진한은 사로국(斯盧國)이 중심국가였는데 고대국가 신라로 발전하였다. 변한은 구야국(狗耶國)이 중심국가로 가야로 발전하였다. 삼한은 도합 78개의 부족국가가 존재하였다. 삼한시대는 제정분리의 사회였고, 소도(蘇途)가 이를 증명한다. 삼한은 왕을 신지(臣智)·견지(遣智)라고 하였는데 견지는 신지보다 작은 국가의 왕이었다. 삼한시대에는 쌀농사가 발달하였고, 제천 의림지·김제 벽골지·밀양 수산제가 그러한 사실을 뒷받침하여 준다. 삼한의 풍속으로 두레가 있었으며 5월과 10월에 제천행사를 거행하였다.

4장 고대국가의 형성과 그 문화

1. 고대국가의 발달

고대국가는 부족국가와 비교하면 왕이 세습적이며 그 권력이 절대적이었다.

고구려는 6대 태조왕 때부터 국가의 형태를 갖추기 시작하였다. 이것은 태조의 왕호가 입증하고 있다. 고구려는 고국천왕(179~197) 때 을파소(乙巴素)에 의하여 진대법(賑貸法)을 실시하였다. 진대법은 고려시대 의창(義倉), 조선시대 환곡(還穀)제도로 발전하였다. 고국원왕은 백제의 근초고왕(364~375)과 싸우다가 전사하였는데, 이 사건은 여제(麗濟) 갈등의 요인이 되었다. 미천왕 때는 낙랑군을 멸망시킴으로써(313) 고대문화 답습에 유리한 위치를 점하게 되었을 뿐 아니라 서해 진출도 활발해졌다. 고구려가 명실상부한 고대국가로 된 것은 소수림왕(371~384) 때로, 순도(順道)를 통해 불교를 수입하고 태학(太學)을 설립하였다(372). 이후 고구려의 불교는 묵호자(墨胡子)에 의하여 눌지왕(417~458) 때 신라에 전해졌다.

백제는 침류왕 때 마라난타(摩羅難陀)를 통해 불교를 수입하였으며, 성왕 때 일본에 전하여 주었다. 고이왕(234~286) 때 고대국가의 형태를 갖추기 시작하여 근초고왕 때 절정에 달하였다.

소백산맥으로 가로막혀 중국문화의 영향을 쉽게 받지 못한 신라는 삼국 중 발전이 가장 늦었다. 고대국가의 면모를 갖춘 것은 내물왕 때로, 이 때부터 김씨세습제가 확립되었다. 세습제 이전 왕호는 거서간(居西干) → 차차웅(次次雄) → 마립간(麻立干)이라고 하였다. 눌지왕 때 박제상(朴堤上)은 일본에 잡혀간 왕자 미사흔(未斯欣)을 구출하는 데 성공하였으나 쓰시마에서 순국하였다. 박제상의 순국비가 쓰시마에 있는데 그 비문을 소개하면 다음과 같다.

동아시아의 격동기였던 5세기 초두 신라는 왜와 교통관계에 있었으며 신라에서는 친선을 위하여 내물왕자 미사흔을 왜에 파견하였다. 그 후 미사흔의 귀환이 늦어지자 눌지왕은 사신 박제상(모마리비)을 왜에 보내어 왕자의 환국을 요구하였다.

미사흔과 신라국사 일행이 귀국 도중 쓰시마의 이 곳 저해수문에서 충돌이 일어나 지모와 용기를 겸비한 박공은 왕자를 무사히 귀국시키고 자신은 이 곳에서 순국하였다고 양국의 옛 기록에 보인다. 이렇듯 충절을 지킨 신라 만고충신 박제상의 숭고한 뜻을 기리기 위해 순국비를 세우다.

눌지왕은 백제의 비유왕(427~455)과 나제동맹(433~554)을 결성하여 고구려에 대항하였다. 소지왕은 이찬 비지(比智)의 딸을 백제의 동성왕에게 출가시켜 백제와 혼인동맹을 체결하였다. 서동설화(薯童說話)는 이 같은 사실을 배경으로 발생된 것이다.

가야는 6가야의 부족연맹국이 발달하였다. 6가야 중 맹주국은 본가야(本伽倻)로, 시조는 김수로왕(金首露王)이고 왕후는 인도 아유타국 공주 허황옥(許黃玉)이었다. 이 같은 사실은 『삼국유사』에 기록되어 있는데 한민족의 해양유입설을 뒷받침하여 주는 것이다. 일제시대 임나일본부설은 4~6세기 간 일본이 우리 나라 남부지방을 다스렸다고 하는 것인데, 이에 따라 일본은 일선동조론(日鮮同祖論)을 펴 왔다. 삼국과 가야를 통칭하여 4국시대라고 하는 견해도 있다.

2. 전성기의 삼국

삼국은 한강을 다투어 점취하면서 전성기로 발전하였다. 한강유역을 점취하는 국가가 한반도의 패권을 장악하였다. 한강유역은 한반도의 중심지에 자리하고 있으며, 비옥하고 서해안 진출이 가능하여 중국과 접촉이 용이하기 때문이다.

고구려는 광개토대왕(392~412)과 장수왕(413~491) 때 전성기를 누렸다. 광개토대왕은 후연의 모용씨를 격파하고 요동을 획득하였으며 남으로는 임진강 남북의 땅을 빼앗았다. 동으로는 동예를 평정하여 동해에 이르렀으며 동북으로는 숙신의 미부락을 토벌하였다. 멀리 남쪽으로

는 신라를 도와 가야에 군사를 파견하여
왜구를 격퇴하였다. 광개토대왕의 아들
장수왕은 평양성을 서울로 삼고 남하정
책을 추진하고, 백제 개로왕을 죽여 고국
원왕의 한을 푸는 데 성공하였다.

　백제는 대방군을 차지하여 한나라 세
력을 완전히 추방한 근초고왕 때 전성기
를 맞았다. 요서·산동·일본 북규슈(北
九州)까지 세력권을 확장하였으며, 아직
기(阿直岐)·왕인(王仁)이 일본에 한학
을 전해 주고 고흥(高興)이 『백제서기(百
濟書記)』를 편찬한 것도 이 때이다.

　신라는 지증왕, 법흥왕, 진흥왕 때 전
성기를 맞이했다. 지증왕은 국호를 중국
식으로 신라라 하고 왕호를 왕(王)이라
하였으며 우경(牛耕)을 시작하였다. 법흥

광개토대왕릉비

왕은 이차돈(異次頓)의 순교를 계기로 불교를 공인하였다. 진흥왕은 본
가야를 점령하여 낙동강 유역으로 진출하였다. 그는 백제 성왕과 제휴
하여 한강 상류 10개 군을 획득한 후, 성왕과 손을 끊고 한강하류를 점

북한산
진흥왕순수비

령하여 한강유역을 완전 정복하였다. 또한 동해안 마운령도 점령하고 대가야를 정복, 낙동강 유역까지 완전 정복하였다. 그는 국경선에 4개의 순수비를 건립하였다. 신라의 이러한 한강유역 진출은 필연적으로 고구려와의 갈등을 불러왔고, 이는 온달(溫達) 장군의 아차산성 싸움에 잘 나타나 있다.

3. 고구려와 중국과의 갈등

6세기 양견(楊堅)은 분열을 거듭하여 온 위진남북조시대를 통일하여 수(隋)나라를 세웠다. 이에 수나라와 고구려의 갈등이 불가피해졌다. 영양왕 9년(589) 고구려가 먼저 요서지방을 공격함으로써 여수전쟁(麗隋戰爭)이 발발하였다. 여수전쟁중 612년 을지문덕(乙支文德)이 이끈 살수싸움은 한국사상 강감찬(姜邯贊)의 귀주대첩, 이순신(李舜臣)의 한산도대첩과 더불어 '3대첩(三大捷)'으로 불린다. 당시 을지문덕은 적의 장군 우중문(于仲文)·우문술(于文述)에게 다음과 같은 오언시(五言詩)를 보내 항복을 요구하였다.

神策究天文
妙算窮地理
戰勝功旣高
知足願云止

결국 고구려와의 무리한 전쟁 등으로 수나라가 멸망하고 이고(李高)가 당(唐)나라를 건국하였다. 중국에 강경한 태도를 취해 온 고구려는 이번에는 당나라와의 결전을 준비해야 했다. 연개소문(淵蓋蘇文)은 천리장성(千里長城)을 쌓아 대비하였고, 당나라는 연개소문의 독재정치를 이유로 보장왕 4년(645)에 고구려를 침략하였다. 이 여당 싸움에서 가장 유명한 것은 양만춘(楊萬春)의 안시성 싸움에 얽힌 사실들이다.

4. 백제와 고구려의 멸망

백제의 의자왕은 재위 초기에는 뛰어난 정치력을 보였으나 후에는 타락에서 헤어나지 못하였다. 백제 멸망과 함께 낙화암에 얽힌 삼천 궁녀의 사화를 보더라도 짐작이 간다. 당시 충신 성충(成忠)과 홍수(興首)는 탄현과 백강 방어의 중요성을 왕에게 충언하였으나 묵살당하였다. 당나라 소정방(蘇定方)은 13만으로 백강 입구에서, 신라 김유신(金庾信)은 5만 군사로 탄현쪽에서 부여를 공격하여 함락하였다. 백제를 멸망시킨 당은 그 땅에 5도독부(都督府)를 설치하고 유인원(劉仁願)을 도독에 앉혔다. 복신(福信)과 도침(道琛)이 주류성에서 왕자 풍(豊)을 받들어 백제부흥운동을 벌였으나 실패로 끝났다.

고구려는 연개소문이 죽은 뒤 그의 아들인 남생(男生)·남건(男建)·남산(男産)의 정권다툼으로 나라가 피폐해졌다. 이 틈을 이용하여 나당연합군이 평양을 쳐 고구려를 멸망시켰다. 당나라는 고구려의 옛 땅에 안동도호부(安東都護府)를 설치하여 설인귀(薛仁貴)를 도호로 임명하였다. 검모잠(劍牟岑)이 왕자 안승(安勝)을 모시고 고구려부흥운동을 폈으나 안승이 신라에 항복함으로써 실패하고 말았다.

5. 삼국의 사회와 문화

고구려의 정치제도를 보면, 왕은 세습되었으며 관등은 대대로(大對盧) 등 12등급이 있었다. 비상시에는 대막리지(大莫離支)가 대대로의 역할을 대신하였다. 백제의 정치제도도 왕은 세습되며 좌평(佐平) 이하 16관등이 있었다. 신라는 중앙에 집사부(執事部)가 있었으며 지방에는 6부가 존재하였다. 신라에는 특히 화백제도·골품제도·화랑제도가 발달하였는데, 신라 3대제도(三大制度)라고 한다.

고구려는 국초부터 국사(國史)를 편찬하였다. 『유기(留記)』100권이 바로 그것으로, 영양왕 11년(600) 이문진(李文眞)이 이를 『신집(新集)』5권으로 재편찬하였다. 백제는 근초고왕 때 고흥(高興)이 『백제서기(百濟書記)』를 편찬하였다. 신라는 진흥왕 때 이사부가 『국사(國史)』를 편찬하였다. 이 사서들은 현존하지 않으나, 김부식의 『삼국사기』에 많이 인용되어 있는 것으로 보아 김부식 당대까지 존속하고 있었음을 알 수 있다.

고구려의 예술은 고분을 통하여 이해할 수 있다. 고분은 토총(土塚)과 석총(石塚)이 있다. 토총은 용강 쌍영총(雙楹塚), 석총은 장군총(將

장군총

왼쪽: 경주 분황사 석탑
오른쪽: 익산 미륵사지 석탑

軍塚)이 대표적이다. 백제의 예술은 석탑 건축에서 비롯하였다. 백제 익산 미륵사지석탑(彌勒寺址石塔), 부여 정림사지석탑(定林寺址石塔)이 그러한 것이다. 신라 예술로서 석탑은 분황사석탑(芬皇寺石塔)과 의성 탑리 5층석탑이 대표적이다.

특히 백제문화는 일찍부터 일본으로 전파되었는데, 위덕왕의 아들 아좌태자(阿佐太子)가 일본 스이코 천황(推古天皇) 때 일본에 건너가 쇼토쿠 태자(聖德太子)의 화상을 그린 것이 그 한 예이다.

6. 신라의 삼국통일과 발해의 건국

신라는 당의 세력을 축출함으로써 평양에서 원산만 이남의 영토를 확립하고 1민족 1국가의 삼국통일을 이룩하였다(문무왕 16년, 676). 삼국통일은 자주적이며 민족사상 최초의 통일사업이었다. 그러나 만주대륙을 상실한 아쉬움도 있다. 사람들 가운데는 신라의 삼국통일을 과소평가하거나 부정하는 이가 있으나 신라의 삼국통일 의의 자체를 부정할 수 없다.

발해는 동모산(東牟山)에서 고구려의 유장 대조영(大祚榮)이 건국하였다(699). 대외적으로 무왕(719~737) 때 당나라와 대결하였으나 일본에는 사신을 파견하였다. 한편 신라와는 수교를 하지 않았다. 제10대 선왕(818~830) 때 전성기를 구가하며 당나라로부터 '해동성국(海東盛國)'으로까지 불렸으나, 14대 애왕 때 거란의 침입으로 멸망하였다(926). 발해는 고구려 문화를 계승하고 당의 문화를 흡수하였다. 3성 6부 등의 제도나 발해의 상경(上京) 유적지의 유물이 그것을 입증하여 주고 있다.

상경 출토 토기

7. 통일신라의 문화와 후삼국의 흥망

신라는 통일전후 40여 년간 당과의 국교가 단절되었으나 성덕왕(702~737) 이후 국교가 재개되어 무역과 문화의 교류가 활발하였다. 그래서 산동반도에 있는 신라인의 거주지인 신라방(新羅坊)에는 행정기관인 신라소(新羅所), 신라사원인 신라원(新羅院), 신라인의 유숙소인 신라관(新羅館)이 들어서 있었다. 장보고(張保皐)가 세운 법화원(法華院)에는 당나라와 일본 승려도 찾는 이가 많았다.

장보고는 서주지방의 해군소장으로 있으면서 신라인이 당나라인들에게 노예로 잡혀 가는 모습을 보고 청해(淸海 : 지금 완도)에 진(鎭)을 베풀고 해적을 소탕하였다.

신라는 국립대학인 국학(國學)과 과거제도의 시원인 독서삼품과(讀書三品科)를 실시하여 학문 발달을 촉진하고 우수한 학자들을 배출하

일본 히에이산(比叡山)
미이데라(三井寺)의
장보고 영정

였다. 「답설인귀서(答薛仁貴書)」를 지은 강수(强首), 이두문(吏讀文)으
로 유명한 설총(薛聰), 『계림잡전(鷄林雜傳)』 등을 저술한 김대문(金大
問), 『계원필경(桂苑筆耕)』을 지은 최치원(崔致遠) 등이 유명하였다.
특히 최치원은 그 명성을 일본까지 날렸고, 해인사로 들어가 여생을 마
쳤다.

하늘에서 본
문무대왕 해중릉

스님아 청산 좋다 말을 말아요
산이 좋다면 왜 다시 나옵니까
날 보시고 훗날 내 종적을
청산에 한 번 들면 다시 만나오리

신라는 역대국가 중 불교국가의 하나이다. 5교 9산(五敎九山)이 발달
하였고 그 중에서 화엄종(華嚴宗)이 교세를 떨쳤다. 대표적 승려로는
원효(元曉)와 의상(義湘), 혜초(慧超) 등이 있었다. 신라의 예술품은 불
국사, 포석정, 해중릉, 무열왕릉비, 봉덕사종 등이 대표적이다.

통일신라는 36대 혜공왕 이후 왕권이 약화되면서 왕위쟁탈전과 지방
반란이 잇달았다. 여기에서 후삼국이 일어났다. 견훤(甄萱)이 세운 후백
제는 한때 신라의 대야성을 함락하고 포석정에서 놀이를 하고 있던 경
애왕을 죽이는 등 세력을 크게 떨쳤으나, 견훤의 아들 신검(神劍)·양
검(良劍)·용검(龍劍)·금강(金剛)의 반목으로 고려에 합병되었다
(936). 궁예는 고구려 계승을 내걸고 후고구려를 건립하였으나 지나친
사치와 폭정으로 멸망하고, 왕건이 그 뒤를 이어 고려를 건국하였다
(918). 대세가 고려로 기울게 되자 신라의 경순왕은 마의태자의 만류를
뿌리치고 고려에 항복하여 신라는 56대 992년 만에 멸망되고 말았다.

5장 고려의 건국과 초기의 발전

1. 고려 초기의 발전

건국자 왕건(王建)은 원래 개성 호족 출신으로 궁예의 부하로 있다가 추대되어 국호를 고려(高麗)라 하고 철원을 서울로 정하였다가 개성으로 옮겼다. 왕건은 건국이념으로 민족재통일·숭불정책·북진정책을 내세웠으나, 호족세력을 배경으로 정권을 유지하였기 때문에 왕위계승권 싸움이 발생하였다. 왕규(王規)의 난이 대표적인 사례이다. 이들 호족세력을 억제하고 왕권강화를 위해 부심한 이가 제3대 정종이다. 정종은 서경천도계획을 세우기도 하고 광군사(光軍司)를 설치하여 거란의 침입에 대비하는가 하면 박천강 유역에 성벽을 쌓기도 하였다. 이어 광종은 호족세력을 누르기 위하여 노비안검법(奴婢按檢法), 과거제, 제도 개선을 시도하였다. 제5대 경종 때는 전시과를 실시하였다. 이러한 과정을 거쳐 제6대 성종(981~997) 때 왕권이 확립되었다. 성종은 최승로(崔承老)를 등용하여 국가의 모든 제도를 당나라식으로 고쳤다. 그는 경제 및 사회제도의 개선과 실천에 노력하였고, 문화 분야쪽에서 특히 많은 업적을 남겼다. 특별히 기억하여야 할 것은 국자감(國子監) 설치와 수서원(修書院)·비서원(秘書院)의 설립이다. 성종 이후 여러 왕은 성종의 정책을 답습한 것에 불과하다. 현종은 성종 때의 12목(牧)을 5도양계(五道兩界)로 고치고 지방호족에게 과거응시권을 부여하였다. 현종 때 특기할 만한 것은 문화적 업적으로, 대장경의 조판과 실록·국사의 편찬이 그것이다. 대장경은 호국불교사상에 입각하여 거란의 침입을 막으려고 조판한 것으로 초조대장경이라고 한다. 이 초조대장경은 그 일부가 쓰시마에 남아 있는데, 아마 일제 때 반출되지 않았나 추정된다. 실록은 제1대 태조 왕건부터 7대 목종까지 7대실록이 편찬되었으나, 현재 남아 있지 않다. 조선조 실록이 현존하고 있을 뿐 아니라 국역까지 완

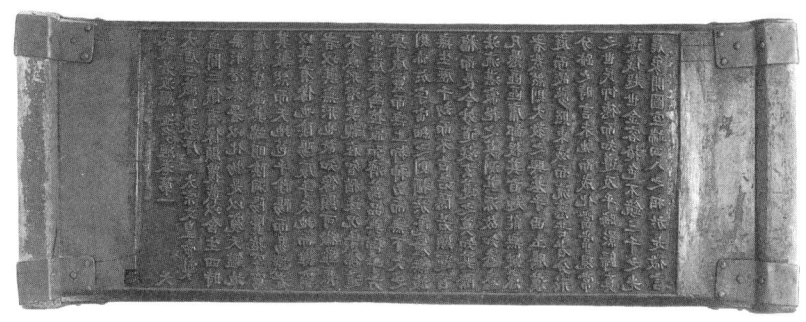

해인사 대장경판

간된 것을 생각하면 고려실록의 부재는 실로 안타까운 사실이아닐 수
없다. 국사는 최항(崔沆), 김심언(金審言)으로 하여금 편찬케 하였다.
문종(1047~1038) 때는 고려 귀족사회의 기반이 완전히 다져졌다. 문종
은 그 묘호(廟號)로도 알 수 있듯이 많은 문화적 업적을 남겼다. 그의
넷째 아들 대각국사 의천(大覺國師義天)의 활동을 보면 왕 당대의 불
교성장을 짐작할 수 있다. 의천은 송(宋)에 유학하고 돌아와 송·요 등
의 불경을 모아 속장경(續藏經)을 간행하였다. 또한 주전론(鑄錢論)을
펴고『원종문류(圓宗文類)』·『석원사림(釋苑詞林)』·『천태사교의주(天
台四敎義註)』등을 저술하였으며, 교장도감을 두고 요·송·일본에서
열서를 구입하여『신편제종교장총록』을 만들고 불교를 연구하였다.

2. 고려 초기의 외교문화

고려 초기의 외교문화는 거란·송·여진과의 관계 속에서 이루어졌
다. 당시 중국 정세는, 연운(燕雲) 16주를 차지하고 세력을 떨치던 거란
이 요(遼)를 건국하고 한족 조광윤은 송(宋)을 건국하니 거란과 송이
대결하였다. 이 대결에서 거란이 승리하여 북중국을 차지하고, 송은 양
자강 남쪽으로 내려가 송을 부활시켰다. 이 나라를 남송이라 하고 그
이전의 송은 북송이라 한다.

거란이 고려를 친 이유는 고려가 친송정책을 실시하고 열만화(발해
유민)가 정안국을 세워 여진을 이용하여 송과 교통하였기 때문이다.
993년(성종 12) 소손녕이 거란군 80만을 동원하여 고려를 침입하니 바
로 거란의 제1차 침입이다. 이에 고려는 서희(徐熙)를 보내 거란과 담

판을 벌였다. 소손녕과 서희의 담판은 다음과 같다.

　(소손녕의 말)

　고려가 신라 땅에서 일어나 아국이 차지하고 있는 고구려의 옛 땅을 침식하고, 또 고려가 우리와 지경을 연하였음에도 불구하고 멀리 바다를 건너 송과 통하므로 오늘의 이 사태가 발생한 것이니, 만일 우리에게 땅을 베어 주고 교빙을 닦는다면 무사할 수 있으리라.

　(서희의 말)

　아니다. 우리 나라는 고구려의 후손이다. 그러므로 국호를 고려라 하고 국도도 평양에 있으며, 지계로 말하더라도 귀국의 동경(요양)은 우리의 국경 내에 있으니 어찌 우리더러 침략이라 하느냐? 귀국과 사빙(使聘)을 통하지 못한 것은 중간에 여진이 게재하여 길을 막고 있는 까닭이니, 만일 여진을 쫓고 우리의 옛 땅을 회복하여 성보(城堡)를 쌓고 도로가 통하게 되면 수빙하지 아니할 리가 없다.

마침내 소손녕이 물러가고 서희는 압록강 동쪽에 강동 6주를 설치하니, 고려의 국경은 압록강에까지 이르렀다. 이것은 고려의 북진정책이 성공한 한 사례라고 볼 수 있다.

　제2차 침입은 성종이 1010년(현종 1) 강조(康兆)의 문책건을 내걸면서 일어났다. 목종은 김치양(金致陽)이 자신의 모후(母后) 헌애왕후(경종의 비로서 천추태후라고도 함)와의 사이에 낳은 사생아를 그의 후계자로 삼으려 하자 이를 저지코자 강조를 불러들였다. 그런데 개성으로 향하던 강조가 도중에 마음이 변하여 목종을 폐하고 대량군 순을 옹립하는 쿠데타를 일으켰다. 이를 문책한다면서 거란이 쳐들어 오니, 강조는 통주에서 지키다가 잡혀 죽음을 당하였다. 비록 강조는 목종을 폐하는 잘못을 범하였으나, 거란에 잡혀서도 끝까지 항복하지 않고 죽음을 당한 그 기상은 높이 평가할 만하다. 이 때 양규가 통주에서 강조의 군사를 다시 모아 곽주로 가 거란군을 격파하였다. 당시 고려정부는 전세가 불리하자 하공진(河拱辰)을 보내 화의를 청하였는데, 하공진은 이 때 거란왕에게 사로잡혀 국문을 받았다. 그는 거란왕의 끈질긴 항복 요구를 거절한 끝에 죽음을 당하았다. 성종은 귀로가 차단되지 않을까 염려한 나머지 군사를 돌이켜 퇴각하였고, 그 도중에 벌어진 전투에서 항전하던 양규가 구주에서 전사하였다.

거란은 다시 강동 6주의 반환과 고려왕의 친조를 요구하였다. 현종이 이 요구를 거부하였을 뿐만 아니라 거란의 사신을 잡아 가두었다. 이에 거란이 소배압을 장수로 삼아 10만 군사로 고려에 쳐들어 오니, 제3차 침입이다. 여기에 강감찬과 강민첨은 군사 20만을 거느리고 대진하였다. 적이 개성 부근까지 왔다가 승산이 없음을 깨닫고 총 퇴각하니 강감찬은 구주에서 거란을 크게 무찔러 살아 돌아간 자 수천에 불과하였다. 고려는 개성에 나성(羅城)을 쌓고 압록강 입구에서 도련포에 이르기까지 천리장성을 수축하는 등 거란의 재침입에 대비하였다. 한편 거란의 침입은 고려인의 민족의식을 불러일으키는 자극제가 되었고, 거기에서 국사의 편찬과 대장경 조판이 이루어졌다.

여진족은 원래 고구려의 계승을 내건 발해의 일부에 속한 말갈의 유족이었다. 그래서 여진족 중에는 고려를 부모의 나라 또는 대국으로 섬기면서 고려에 와서 사는 사람들도 많았다. 발해가 멸망한 후 생여진의 완안부(完顔部)의 추장 영가(盈歌)가 이들 여진을 통일하고, 조카 오아속(烏雅束)은 12세기 초 함흥 부근까지 내려와 무력충돌을 일으켰다. 임간(林幹)이 여기에 맞서 싸웠으나 패배하고, 이어 윤관(尹瓘)도 또한 여진을 치는 데 실패하였다. 이에 윤관은 신기군·신보군·항마군으로 별무반을 조직하고, 예종 2년(1107)에 오연총과 더불어 함흥평야를 점령하여 여진을 격퇴하였다. 윤관은 그 땅에 9성을 쌓고 예종 3년 개성에 개선하였다. 같은 해 윤관은 웅주를 에워싸고 있는 여진족을 토벌하였다. 예종 4년에는 다시 길주를 에워싸고 있는 여진을 격퇴하니, 윤관은 총 네 차례에 걸쳐 여진정벌을 단행하여 북방을 튼튼히 하였다.

송나라와의 관계는 광종 때부터 시작되었다. 건국 초부터 문치주의 정책을 추진하여 문약한 나라였던 송나라는 항상 주변민족의 침략에 시달리지 않을 수 없었다. 거란의 요가 송을 침입하였으며 여진의 금은 송을 점령하고 휘종·흠종을 사로잡아 가니, 송은 남쪽으로 이동하여 겨우 명맥을 보존하였다. 그래서 고려는 친송정책을 쓰면서도 주변국의 눈치를 살피지 않을 수 없었고, 따라서 여송관계는 주로 문화적 목적 위에서 존속하였다. 예성강구 벽란도(碧瀾渡)는 당시 많은 송나라 상인이 왕래하였으며, 일본 상인과 사라센 상인의 출입도 빈번하였다. 고려에서 온 코리아라는 국명이 유럽에 전해진 것도 이 때다.

3. 고려 초기 귀족사회의 형성

고려는 성종조에 와서 국가의 모든 제도를 완성하고, 이후 문종조(1046~1083)에 이르기까지 귀족사회가 크게 발달하였다. 귀족사회는 자신의 정치적·경제적 세력을 확대하기 위해 상호대립하는 양상이 심화되었고, 이는 이자겸의 난과 묘청의 난으로 이어졌다. 이자겸은 80여 년간 계속 외척으로서 강력한 세력을 굳혀 온 경원이씨 가문 출신으로, 외손인 인종의 천성이 부드럽고 나이 어린 것을 기화로 척준경과 더불어 당시의 유언비어를 믿고 인종을 독살하려 하였다. 그러나 이자겸과 척준경이 사사로운 불화로 사이가 벌어지면서, 척준경이 무력을 동원하여 이자겸을 제거하였고 권력을 장악한 척춘경도 정지상 등의 탄핵으로 귀양가서 죽었다. 이자겸의 난으로 정치기강은 더욱 문란해지고 귀족층의 분열과 대립은 표면화되었다. 특히 정지상 등의 추천으로 왕실의 고문이 된 묘청 등의 서경출신 귀족은 개경출신 귀족과 충돌하였다. 묘청 등은 풍수지리를 바탕으로 서경을 서울로 정하면 천하가 고려에 항복하고 여진의 금나라가 항복할 것이라며 서경천도론을 주장하였으나 김부식 일파의 개경파에 의하여 묵살되고 말았다. 이에 묘청은 국호를 대위국(大爲國), 연호를 천개(天開), 군대를 천견충의군(天遣忠義軍)이라 하면서 반란을 일으켰다(인종 13년, 1135). 묘청은 내분으로 폐사하고 말았으나 이 사건이 갖고 있는 의미는 깊다. 사건은 개경파와 서경파의 대립, 사대주의자와 국수주의자와의 대립 등으로 표출된 것이나 묘청의 주장이 자주적이며 혁신적인 주장이었다는 점을 간과할 수 없다.

6장 고려 무신의 활약상

1. 무신란과 반무신란의 전개

성종 이후 문종대까지 전성기를 구가한 고려의 귀족사회는 이후 이자겸의 난, 묘청의 난, 무신란(武臣亂) 등을 거치며 뿌리째 흔들리게 되었다. 특히 정중부의 난으로 대표되는 무신란을 계기로 과거의 문신귀족은 몰락하고 무신이 새로운 귀족으로 등장하여 파란 많은 역사가 전개되었다.

고려는 초기부터 문무의 차별이 극심한 왕조였다. 영업전(永業田) 폐지, 무학재(武學齋) 폐지 등은 그 한 예이다. 무신 정중부는 김부식의 아들 김돈중(金敦中)으로부터 수염을 그슬린 적이 있어 문인에 대해 항상 반감을 품고 있었다. 그러던 중 보현원(普賢院 : 경기 장단) 놀이에서 의종 및 문인들의 행위가 무신들에게 큰 반감을 산 것을 직접적인 계기로, 정중부는 이의방(李義方)·이고(李高) 등과 더불어 난을 일으켰다(1170년 정중부의 난). 정중부는 '무릇 문신의 모자를 쓴 사람은 비록 서리라도 죽이라' 하면서 50여 명의 문관을 죽였다. 난을 일으킨 후 그는 빈자, 과부, 고아 등 백성의 민심을 끌어안기에 부심하는 한편 의종을 거제도로 귀양 보내고 동생 호(皓)를 왕으로 추대하였다(1171). 그가 19대 명종이다.

정권을 잡게 된 이후 무신들은 문관을 대신하여 고관요직에서부터 미관말직까지 관직을 독차지하였고, 그 지위를 이용하여 문신들과 마찬가지로 경제적인 부를 축적하여 군사적인 실력을 확대해 갔다. 무신란 직후 무인들은 종래 무신의 최고회의기구인 중방(重房)을 통해서 독재정치를 하였다. 임국충, 문극겸(1122~1189) 등을 끌어들이고, 금나라에는 사신을 파견하여 의종이 늙고 병들어 동생인 명종을 추대하였다고 알렸다. 당시 금나라는 폐위사건에 의심을 품고 여러 차례 고려에 글을 보냈는데, 고려는 이를 변명하는 데 급급하였다. 고려는 이자겸이 집권한 이래 금나라에 사대정책을 실시하고 있었고, 여기서 무신정권의 대금태도를 가히 짐작할 수 있다.

무신정권은 무인들이 소유하고 있는 실력의 유무에 따라 정권장악의 여부가 결정되어 같은 무인들 상호간에도 몇 차례의 정권교체가 있었다. 먼저 무뢰배와 승려들과 결탁하여 이의방을 제거하려던 이고가 도리어 이의방에게 죽임을 당하였고, 이의방도 정중부에게 다시 제거되었다. 이러한 일련의 과정은 무신란에 대한 반발로 일어난 반무신란과 겹치면서 복잡하게 전개되었다.

반무신란의 포문을 연 것은 김보당(金甫當)이었다. 무인정권에 불만을 품은 김보당 등은 1173년 정중부·이의방의 토벌과 의종의 복위를 외치며 난을 일으켰다. 그러나 정중부가 보낸 토벌군에게 모두 패하여 죽임을 당하고 김보당은 개경으로 이송되어 죽었다. 의종도 이의방의 명령을 받은 이의민(李義旼)에 의해 살해당함으로써 난은 3개월 만에 완전히 진압되었다. 흔히 정중부의 난을 경인의 난(庚人亂), 이 김보당의 난을 계사의 난(癸巳亂)이라 하고 두 난을 합쳐 경계의 난(庚癸亂)이라고 한다.

김보당 사건 후 무신의 독재정치는 더욱 극심해졌고, 한편 정중부는 이의방의 의종 처리건에 대해 불만을 품게 되었다. 이듬해 1174년 고려의 대표적인 지식계급인 승려들이 무신의 독재정치에 반기를 들었다. 귀법사(歸法寺) 승려 100여 명이 성북문(城北門)을 부수고 들어와 선유승록 언선을 살해하고, 이어 중광사(重光寺) 승려 2천여 명이 이의방 형제를 죽이고자 성으로 쳐들어와 성동문(城東門)을 파괴하였으나, 모두 진압당하였다. 무인들은 이 난에서 승려 100여 명을 살해하고 중광사 등 여러 절을 허물어뜨리고 불살랐다. 그 뒤 더욱 기세등등해진 이의방은 국정을 함부로 하고 정중부와도 대립하게 되었다.

같은 해 12월에 서경유수 조위총(趙位寵)이 정중부·이의방의 토벌을 외치며 거병하였다. 그는 자비령 이북 40여 성의 호응을 얻고 개성 부근까지 내려왔다. 서경까지 쳐 올라갔으나 대동강이 얼어 후퇴한 이의방은 이후 2~3회 평양 탈취를 시도하였으나 성과를 올리지 못했다. 자기를 따르지 않으면 친구까지도 죽이는 비인간적인 인물로 크게 원성을 사고 있던 이의방은 결국 난의 와중에 정중부의 아들 정균(鄭筠)

의 명령을 받은 승려들에게 살해되었다. 한편 조위총의 반무신란은 금나라에 사신을 파견할 정도로 위세가 당당하였다. 그러나 파견한 2명의 사신 중 1명은 살해되고 나머지 1명도 개성으로 귀환함으로써 대금정책에서 실효를 거두지 못하였다. 그 동안 조위총군과 관군 사이에 공방전이 계속되었고 서경 사람 중에서 굶주림 등으로 성을 넘어 무신정권에 항복하는 자가 속출하였다. 결국 1176년 조위총은 사로잡혀 개경에서 효수되고 난은 평정되었다. 그러나 조위총의 난의 위력은 대단하여 그의 사후에도 무리들이 재결합하여 봉기를 계속 일으키는 등 끈질긴 항쟁을 계속하였다.

명종 9년(1179) 경대승(慶大升)은 정중부를 살해하고 도방(都房)정치를 실시하였다. 얼마 후 경대승이 병사하자 이의민이 경주에서 올라와 정권을 장악하였으나, 명종 26년(1188) 최충헌(崔忠憲)이 이의민을 죽이고 다시 정권을 장악하여 소위 최씨집권시대를 열었다. 최씨정권은 최충헌, 최우(崔瑀), 최항(崔沆), 최의(崔竩)로 이어지는 4대 60여 년간 지속되었다.

최충헌은 모든 실권을 한 손에 쥐고 명종·희종을 폐하고 신종·희종·강종·고종을 옹립하였으며, 경대승이 설치한 도방을 더욱 강화시켜 독재정치를 감행하였다. 그는 흥녕부(興寧府)라고 하는 별도의 관청을 소유하고 있었으며 독재정치를 더욱 강화하기 위하여 교정도감(敎定都監)을 두었다. 최충헌의 아들 최우는 부친의 독재체제를 그대로 계승하였으며, 따로 서방(書房)을 두고 문인들로부터 정치자문을 구하기도 하였다. 박정희 군사독재시대 때 평가교수단 등 자문기구를 설치한 사례와 유사하다 하겠다.

일반적으로 지식이 없는 무인들의 정치는 과거의 문인사회와 비교하여 그 횡포가 극에 달하였고 독재로 일관하였다. 그만큼 반발도 커 무인들은 항시 신변의 위험을 느끼지 않을 수 없었고, 최우가 마별초(馬別抄)·야별초(夜別抄)를 조직한 것도 그 때문이다. 그러나 최우시대에는 항몽책을 써서 강화도로 천도하고, 호국의 염을 담아 팔만대장경을 조판하여 불후의 업적을 남기기도 하였다. 1231년부터 1270년까지 7차에 걸쳐 고려를 침략한 몽고에 맞서서 펼친 최우 이후 무신정권의 대몽항전은 민족의식의 소산이라 아니할 수 없다.

한편 무신의 독재정치는 지배계층만이 아니라 민중의 저항에도 부딪

쳐, 이 시대에 많은 천민의 난이 발생하였다. 공주 명학소(鳴鶴所)에서 일어난 망이(亡伊)·망소이(亡所伊)의 난, 전주 관노 기두(旗頭)·죽동(竹同)의 난, 경북 운문(雲門) 김사미(金沙彌)의 난, 효심(孝心)의 난, 만적(萬積)의 난이 그것이다. 만적은 최충헌의 사노비로서 공·사 노비를 개성 북산에 모아놓고 난을 일으켰으나 사전에 발각되어 거사를 실현시키지는 못하였다. 만적은 공·사 노비들에게 다음과 같이 외쳤다.

경계의 난 이후 국가의 공경대부(公卿大夫)는 전부 천한 노예에서 나왔다. 장상(將相)이라고 어찌 처음부터 씨가 다를까 보냐? 때가 오면 누구든지 다 할 수 있는 것이다. 그러므로 우리들도 상전을 죽이고 노예 문적을 불살라 삼한(三韓)에서 천인을 없애자.

2. 무신정권의 붕괴와 삼별초의 활동

몽고의 7차에 걸친 침입은 무신정권의 붕괴를 불러왔다. 차라대(車羅大)가 마지막으로 고려를 친 것은 1257년(고종 44)이다. 이 때의 집권자 최의는 나이가 어릴 뿐만 아니라 사람됨이 용렬하여 유왕경(柳王敬)·김준(金俊)에게 피살되고(1258), 이로써 최씨무신정권은 무너지고 말았다. 고려정부는 곧 차라대에게 개경환도와 왕의 입조를 알리고 태자 전(傳)을 몽고에 보내 항복의 뜻을 전하였다. 한편 김준 등을 죽이고 무인정권을 장악한 임연(林衍)이 병사한 후, 아들 임유무(林惟武)가 문신에 의하여 살해당하였다. 원종 11년(1270) 문신정권은 개경으로 환도하니 고려는 몽고의 속국(屬國)이 되었다.

최씨정권 이후의 고려 무신들은 몽고에의 항복을 반대하였다. 실패로 끝났으나 임씨무신정권이 출륙을 반대한 것이 그러하다. 개경 환도령이 내리자 배중손(裵仲孫)은 승화후 온(承化侯 溫)을 모시고 항몽책을 전개하였다. 이 사건을 삼별초의 난(三別抄亂)이라고 한다. 삼별초란 신의군(神義軍)·야별초(夜別抄)·우별초(右別抄)를 말한다. 이들은 수전(水戰)에 약한 몽고군의 약점을 이용하여 끝까지 항복에 반대하였다. 그러나 반란을 일으킨 지 1개월 후 사태가 불리해지자 진도로 근거지를 옮겼다. 진도로 옮긴 삼별초는 기세를 크게 떨쳐 궁궐을 세우고 남해·창원·거제·제주 등을 지배하는 해상왕국을 이룩하였다. 육지에도 세

삼별초 항쟁유적.
제주도 항파두리성

력을 뻗쳐 나주에까지 세력을 떨쳤다. 그러나 김방경(金方慶)을 중심으로 한 고려정부와 몽고 연합군의 진도 총공세를 받고 승화후 온과 배중손이 죽고, 삼별초는 김통정(金通精)을 중심으로 근거지를 제주도로 옮겨 저항을 계속하였다. 여기에서 끝까지 저항하다가 남은 70여 명이 산속에 들어가 자살함으로써 삼별초의 항쟁은 막을 내렸다.

7장 고려 후기 친명정책과 그 영향

  고려 후기는 몽고의 침입(1231~1270) 이후 사회를 가리킨다. 몽고족은 기마족으로 몽고고원에서 유목생활을 하였는데 1206년 쿠릴타이(몽고족의 부족장 회의)에서 징기스칸이 대 칸이 되어 몽고를 통일하였다. 이후 몽고는 인도·일본을 제외한 전 아시아를 점령하였으며 유럽 일부에까지 쳐 들어가 유례 없이 넓은 영토를 확보하였다. 넓은 영토 중에 가장 중요한 곳은 중국이었다. 몽고는 징기스칸의 아들 태종(太宗) 때 금나라를 멸망시키고(1234) 세조 쿠빌라이 때는 남송(南宋)을 점령하여(1276) 국호를 원(元)이라 고치고 한족을 대신하여 중국본토를 지배하였다. 대륙 정세의 이 같은 변화와 더불어 고려도 7차에 걸쳐 몽고의 침략을 받고 저항했으나 결국 몽고의 속국이 되었다. 즉 고려왕은 몽고공주를 정비로 맞아들임으로써 몽고왕실은 고려왕의 처가 또는 외가가 되었다. 이에 원종의 개경환도 이후 공민왕대에 이르기까지 국왕은 묘호(廟號)에 '충(忠)'자를 붙여 몽고에 대한 충성심을 보여주어야 했다. 충렬왕(忠烈王)·충선왕(忠宣王)·충숙왕(忠肅王)·충혜왕(忠惠王)·충목왕(忠穆王)·충정왕(忠定王)의 묘호가 그러하다. 몽고의 지배하에서 고려는 많은 시달림을 받았고, 특히 원의 강요로 2차에 걸쳐 일본원정에 참여하여야 했다. 원정은 모두 실패로 끝나고 말았다.

  원은 11대 순제(順帝 : 1332~1370)를 끝으로 멸망하고 말았다. 한문화의 모방, 라마교의 부패, 교초 남발에 의한 재정 궁핍, 한족의 반발 등이 중요한 원인이었다. 쿠빌라이 사후 73년간 그의 후손 8명의 행적을 보면, 한결같이 중국문화에 젖어 유연하고 결단성이 없으며 조상들이 가지고 있었던 기마민족의 용맹성은 찾을 길이 없었다. 그 중 순제는 게으르고 놀기를 좋아하는 성품이 누구보다도 더하였고, 그의 치세 때 각지에서 반란이 끊이지 않았다. 이에 그는 한때 북경에서 제주도로 천도를 하는 것까지 계획하고(1367) 고려정부에 교섭을 한 바 있었다. 일찍이 몽고의 제1차 일본원정이 실패한 후 제주도에 탐라총관부(耽羅摠官府)를 설치하고 목마장을 두어 군마를 준비한 적이 있다. 그래서 제주도에는 순제 때까지도 몽고세력이 잔존하고 있었고, 이 때문에 반란을 대비하여 피난처로 삼으려 했던 것이다.

순제가 쫓겨나자 원의 잔존세력은 '북원(北元)'이라 이름하고 소왕(昭王 : 1370~1378), 토구스테무르(1378~1388) 2대에 걸쳐 겨우 존립했으나 오래지 않아 소멸하였다.

이러한 순제의 난정과 북원의 단명은 공민왕(1351~1374)으로 하여금 반원정치를 단행케 하는 계기가 되었다. 공민왕은 원왕실과 혼인관계를 맺어 횡포를 부리고 있던 기철(奇轍) 일당을 숙청하였다. 정동행성(征東行省)을 폐지하였으며 쌍성총관부(雙城摠官府)를 공략하고 동녕부(東寧府)를 정벌하였다. 이처럼 의욕적이었던 공민왕의 반원정책은 공민왕 14년(1365) 노국공주(魯國公主)의 사망과 함께 공민왕이 정사에 뜻을 잃으면서 실패로 끝나고, 고려사회는 신돈(辛旽)의 전횡으로 어지러워졌다. 그러나 신돈은 전민변정도감(田民辨整都監)을 설치하여 토지제도를 개혁하고 서경천도를 주장하는 등 혁신적인 정책을 단행하기도 하였다. 한편 궁중에 자제위(子弟衛)를 설치한 공민왕은, 자제 홍륜(洪倫)과 자신의 비인 한비(韓妃)가 불륜을 저지르자 이 사실을 잘 알고 있던 최만생(崔萬生)과 당사자인 홍륜을 죽이려다가 오히려 암살당하고 말았다. 고려의 친명정책이 이 공민왕대에 발생하였다는 점도 기억할 필요가 있다.

1. 명의 건국과 여명관계

앞에서 말한 것처럼 중국에서는 원나라의 난정(亂政)으로 미륵보살을 신앙하는 백련교도(白蓮敎徒)의 난이 일어났으며 평민 출신의 주원장(朱元璋)은 이들을 이용하여 명(明)을 건국하고 서울을 금릉(金陵 : 南京)에 정하였다(1368). 이 때는 아직 원 순제가 제위에 있었으나 뒤에 추방되었다. 명이 건국된 후, 여명관계는 매사에 의심이 많은 주원장의 태도에 절대적인 영향을 받았다. 명은 고려에 1369년 옥새를 주고 1370년 수봉(受封)하였으나, 공민왕이 암살되고 우왕이 등장하면서 태도가

공민왕릉.
개성시 개풍군

달라졌다. 이인임(李仁任)의 주청에 따라 10세의 어린 나이로 즉위한
우왕(1374~1388)은, 공민왕과 신돈의 가노(家奴) 반야(般若) 사이에서
태어난 아들로 출중치 못한 인물이었다. 북원에 친원(親元)정책을 실시
한 우왕의 태도는 자신의 명을 재촉하는 어리석은 행동이 아닐 수 없었
다. 1377년 고려는 명나라 남경에 사신을 파견하였으나, 주원장은 우왕
즉위를 거절하면서 고려 사신을 받아들이지 않았다. 거기에 같은 해 복
진(濮眞) 사건이 발생하였다. 이는 평양에서 몽고의 잔류병과 싸우다가
포로가 된 명나라 사람 복진이, 자신의 신하가 되라는 우왕의 요구를
거절하여 자결한 사건이다. 당시 복진은 죽으면서 주원장이 고려를 그
냥 두지 않을 것이라고 하였고, 후환을 우려한 우왕은 사죄하기 위하여
명나라 남경에 사신을 파견하였다. 그러나 주원장은 복진을 낙랑공(樂
浪公)으로 봉하고 고려 사신을 받아들이지 않았다.

명나라는 1378년 고려에 수봉을 하고 1379년부터는 고려인의 중국체
류를 허용하게 되었지만 여전히 고려인에 대한 경계를 늦추지 않았다.
이에 고려는 관계 개선을 꾀하여 1382년 정몽주(鄭夢周)를 명나라에 파
견하였으나 정몽주는 압록강까지 갔다가 되돌아옴으로써 사행은 실패
하고 말았다. 이에 같은 해 조반(趙胖)과 함께 정몽주를 재차 명나라에
파견하였으나, 정몽주 일행은 성과를 거두지 못한 채 돌아왔다. 1384년

세번째로 명나라에 파견된 정몽주는 마침내 조공무역권을 얻어내는 데 성공하여, 1385년 유구·안남 등과 더불어 명나라와 조공무역을 개시하였다.

정몽주 초상

이처럼 여명관계가 진전되었음에도 우왕의 친원정책은 변함이 없었다. 북원이 멸망한 1388년(우왕 14)에 일어난 위화도회군(威化島回軍)이 이를 반증하고 있다. 이전부터 명나라는 원이 설치하였던 쌍성총관부 자리에 철령위를 설치하고 자국의 영토로 편입하려는 기도를 하였고, 최영(崔瑩) 등의 친원파는 이러한 명을 정벌하고자 했다. 이는 국내외 사정을 감안해 볼 때, 특히나 요동 방면에 대한 명의 세력기반이 불투명한 상태였기 때문에 대명정벌계획은 가망이 없는 것도 아니었다. 이 같은 관점에 본다면 최영 일파의 의도는 당시 시대적 상황에 비추어 보면 일리가 있다고 할 수 있다. 그러나 홍건적 격퇴, 왜구 격퇴 등으로 정치적 기반을 얻은 이성계 일파의 입지에서는 대명정벌에 적극적 자세를 취할 수가 없었다. 고려는 최영을 팔도도통사로 삼고 이성계를 우군도통사, 조민수(曹敏修)를 좌군도통사로 삼아 요동정벌을 단행키로 하였다. 그러나 이성계는 압록강 중류 위화도에 이르렀을 때 조민수와 함께 군사를 돌이켜 귀경하고, 이어 최영을 잡아 경기도 고양으로 귀양보냈다가 죽였다. 이 사건은 우왕의 대원정책에 종지부를 찍는 중대한 사건이자, 이성계 일파가 정치적 쿠데타에 성공한 것을 의미하였다. 이성계는 우왕의 아들 창왕(昌王)을 옹립하였다가 곧 폐하고 이들을 신돈의 자손이라 하여 강화도에 귀양 보내고 왕족 공양왕을 등극시켰다. 그리고 공양왕 4년 이성계는 조준(趙浚), 정도전(鄭道傳), 배극렴(裵克廉) 등 유학자의 진언에 따라 개성 수창궁에서 선양 형식을 빌려 등극하였다(1392).

2. 이성계와 대명관계

이성계 초상

이성계의 조선 건국은 국내외를 막론하고 반대하는 저항세력에 부딪쳤다. 조선의 건국을 반대하였던 두문동(杜門洞) 72인 사건은 그 한 예이고, 명나라의 주원장 또한 조선을 경계하는 태도를 취했다. 이는 조명관계에 그대로 적용되어, 이성계는 명으로부터 고명(誥命)을 못 받고 명나라에 왕호를 쓰지 못하였다. 명나라에 고려 사신으로 파견되었다가 귀국길에 오른 김수(金樹)는 압록강에 당도하여 조선의 건국 소식을 듣고 발길을 돌려 중국으로 되돌아갔다. 김수는 부인에게 "신하로서 두 임금을 섬길 수가 없습니다. 나는 압록강을 건너가면 내가 설 땅이 없습니다"라는 내용의 글을 써 옷과 신발을 보냈는데, 옷과 신발을 보낸 이유는 이성계에게 자신이 명나라로 돌아갔음을 실증으로 보여주기 위함이었다. 이처럼 김수가 명으로 돌아갈 수 있었던 배경에는, 무엇보다도 주원장 주변에 고려인들이 많았고 이 고려인들은 반이성계인들이었기 때문이다.

이성계는 이러한 명나라에 대해 적극적인 태도로 임하였다. 먼저 1392년 한상현(韓相賢)을 명에 파견하여 '화령(和寧 : 영흥의 별칭으로 이성계 고향)'과 '조선(朝鮮)'의 칭호 중에서 국호를 정하여 주기를 요청하였다. 주원장은 '조선'이 본래 우리 나라의 고유한 호칭이기 때문에 이것이 좋다 하여 '조선'을 국호로 정하였고, 이렇게 해서 정해진 '조선' 국호는 1897년 '대한제국(大韓帝國)'으로 고쳐지기까지 사용되었다. 1393년에는 명나라에 조공물을 보내 관계 호전을 노렸으나, 조공물 중 말이 9,800필로 이미 늙었으며 노(弩)는 전투에 사용할 수 없는 것이라 하여 주원장의 분노를 샀다. 이에 이성계는 조반을 사신으로 명나라에 파견하였고, 조반은 자신을 꾸짖는 주원장을 향해 "신왕조의 창건은 하늘의 뜻이다. 이단(李旦 : 이성계의 諱) 장군의 경우도 예외는 아니다"라고 하여 주원장으로부터 귀빈 대우를 받았다. 같은 해 설장수(偰長壽)가 사신으로 파견되었을 때, 주원장은 이성계의 즉위를 긍정적으로 생각하는 태도를 보이며 "조선도 정권을 잡는 과정은 예외가 될 수 없다. 하늘이 돌보지 않고 백성들이 받아들이지 않은 상태에서 힘으로 나라를 움켜쥘 수는 없다"라고 하였다. 1394년 다시 이방원(李芳遠)·남재(南在)·권근(權近)을 명나라에 파견하였다. 당시 조선정부는 정도전의 요동정벌론을 둘러싸고 의론이 분분한 때였던지라, 명나라는 이 정도전 일파에 대하여 경계를 늦추지 않고 그의 제거에 관심을 갖고 있었다. 그러던 차에 1396년 명나라에 파견된 유구(柳拘)가 가져간 정도전의 표(表)가 주원장의 진노를 사 조선조정을 곤혹스럽게 만들었다. 명나라와의 관계가 순조롭지 못할수록 더 자주 사신을 파견해 온 이성계는 정도전의 표 사건이 있은 해에 권중화(權仲和), 정총(鄭摠)을 연달아 명나라에 파견하였다.

이처럼 이성계가 대명관계에 적극적인 태도를 보인 것은, 명나라가 신흥국가요 조선은 소국이라는 사실을 너무나 잘 의식하고 있었기 때문이다. 이 같은 의식은 이미 위화도회군 때 명확히 나타났으니, 회군의 이유로 내건 4불가론(四不可論)을 보면 다음과 같다.

① 작은 나라가 큰 나라를 거스르는 것은 불가하다.
② 농번기인 여름철에 군사를 일으킴이 불가하다.
③ 거국적으로 멀리까지 정벌하면 왜가 그 허를 찔러 쳐들어 올 것이니 불가하다.
④ 때가 여름인지라 활줄이 풀어지고 많은 군사들이 질병에 걸리게 되니 불가하다.

4불가론은 이성계의 친명사대정책 사상을 집약적으로 보여주는 논의이다. 고려 말 공민왕 때부터 시작된 이러한 친명정책은 병자호란 이후 친청(親淸)사대정책으로 바뀔 때까지(1637) 조선외교의 기본정책이 되었다.

8장 조선시대의 양반문화

1. 성리학적 사회이념의 정착

조선시대의 대표적인 지배신분으로서 양반을 꼽고 있다. 문반과 무반이라는 직업을 구분하는 용어였던 양반이 지배신분을 통칭하는 용어로 정착된 것은 조선시대에 들어와서이다. 조선시대에는 양반을 흔히 사족(士族)이라고 했다. 사족이란 고위 문무관원을 배출하는 가문과 그 구성원을 나타내는 말이다. 특히 지방에서 강력한 영향력을 행사한 지배계층을 재지사족(在地士族)이라고 일컫는다. 재지사족, 즉 양반이 조선왕조의 지배신분으로 정착되는 데에는 그들의 사상이었던 성리학의 도입과 보급이 크게 작용하였다.

고려 말의 사회경제적 변화를 배경으로 지방에는 새로운 중소지주층이 성장하였다. 이들을 흔히 신진사대부(新進士大夫)라고 부르는데, 이들은 국가권력을 잡고 토지겸병을 일삼는 권문세족에 대항하여 재지(在地)지주로서의 기반을 확대하였으며 나아가 중앙정계로 진출하여 조선 건국과정을 주도하였다. 조선왕조 초기 이들이 개혁적 성격을 띠고 새로운 질서를 만들어 가는 과정에서 성리학이 중요한 이념적 지주로 수용되었다. 성리학은 자연과 사회의 발생·운동을 이(理)와 기(氣)의 개념으로 설명하였다. 이(理)=천리(天理), 태극(太極)은 만물 생성의 근원이 되는 정신적 실재로서 인간과 사물의 원리적 보편성을 설명하는 범주이다. 기(氣)는 만물을 구성하는 요소로서 차별적인 현상을 설명하는 범주이다. 정신적 실재인 이는 인간사회의 정치질서와 도덕질서의 근원이 된다. 인간의 모든 가치와 행위는 태극의 원리에 의해 하늘로부터 부여받는 성(性)에 따라 결정되고 이루어지게 된다고 본다. 그런데 성리학이 강조하는 이(理)의 구체적인 내용은 삼강오륜을 비롯한 유교적 윤리도덕이었으며, 나아가 관료제적 통치질서, 신분제적 사회질서, 가부장제적인 종법(宗法)적 가족질서였다. 이러한 상하관계적인 질서를 강조하는 것을 명분론(名分論)이라 하는데, 성리학은 이러한 명분론적인 질서 속에서 자기 지위에 합당한 일을 수행하는 것을 인간의 본분으로 설명하였다. 이는 결국 현실의 차별적인 신분질서를 이기론에 바탕을 둔 인성론(人性論)으로 합리화한 것이다. 그리고 상하관계의 수직적인 질서 속에서 차별적인 예(禮)를 중시하는 이론적 근거가 된다.

고려의 지배적 이념이었던 불교를 배척하고 유교를 높이는 방향에서 정도전(鄭道傳)과 권근(權近)은 성리학의 이기론과 인성론에 바탕을 두고 불교의 초세속적 성격과 그 철학사상을 비판하였다. 성리학을 도입한 신진사대부들은 조선의 건국이라는 시대상황 속에서 국가 위주의 실용적·공리적인 측면을 중시하면서 성리학을 수용하였다. 그리하여 『소학(小學)』, 『주자가례(朱子家禮)』 등 성리학적 지배이념에 입각한 사회윤리와 제도의 시행에 적극적이었다. 그리고 성균관과 사학, 군현의 향교가 정비되는 과정에서 성리학은 관학(官學)으로서의 지위를 더욱 굳혀 갔다. 국가체제의 정비과정에서 의례 정비, 법전 편찬 등이 활발히 이루어져, 『경국대전(經國大典)』『국조오례의(國朝五禮儀)』 등을 통해 군주의 권위와 집권적 관료제의 질서를 강조하였다.

그러나 15세기 후반부터 학문 사상계의 동향은 사회문제를 해결할 수 있는 새로운 이념을 정립하는 데 힘쓰기보다는 시문 중심의 사장학(詞章學)과 이미 확립된 예제(禮制)나 법제의 준수만을 강조하였다. 이는 중앙정계가 주로 세조의 찬위에 협조하였던 훈구파들에 의해 주도되면서 나타난 현상이었다. 한편 이 시기 향촌사회에는 조선의 건국과정에 참여하지 않고 지방에 생활근거를 두면서 성리학을 추구하고 있던 사림파(士林派)가 대두하고 있었다. 이들은 15세기 말 이후 사회경제적 변동에 직면하여 천방(洑)의 개발과 보급 등으로 경제력을 축적하고 재지지주로서 지위를 상승시켜 나갔다. 이들은 재지사족의 입장에서 성리학을 이해하고, 이에 바탕을 두어 재지사족까지 포함한 지배층 전반이 도덕적 실천을 통해 당면한 사회문제를 해결해야 한다는 주장을 하였다. 16세기 이후 사족들의 중앙정계 진출이 본격화되면서 이들은 성리학에 바탕을 둔 왕도정치를 주창하였으며 군주(君主)의 수신(修身)과 민(民)의 교화(敎化)를 강조하였다. 이들은 재지사족의 입장에서 성리학을 이해하고, 재지사족까지 포함한 지배층의 도덕적 실천을 통해

김득신의 노상알현도

당면한 사회문제를 적극적으로 해결해 갈 것을 강조하였다. 즉 지방의
재지사족까지 사회를 이끌어 가는 지배신분의 범주에 포함함으로써 성
리학적 지배신분을 확대하였다. 그리고 이들은 국가의 예제(禮制)와 함
께 백성들이 자발적으로 명분론적 질서에 따르는 것을 비롯하여, 가족
제도까지도 성리학의 이념에 따를 것을 주장하였다. 이러한 성리학적인
사회질서를 정착시키기 위해 사족들은 향촌사회의 규율로서 향약(鄕
約)을 실시하고 사립교육기관으로서 서원(書院)을 설립하였다.

2. 향약과 서원

덕업상권(德業相勸), 과실상규(過失相規), 예속상교(禮俗相交), 환난
상휼(患難相恤)과 같은 덕목을 중시하는 향약은 조선시대 사족들이 향
촌자치와 질서를 유지하는 한편 일반 백성들의 일상생활을 직접적으로
규제하는 제도였다. 향약은 중종 초 중앙정계에 진출한 사림들에 의해

도산서원

보급이 시도되었다가 한때 사림파의 정치적 실세(失勢)와 관련하여 중단되기도 하였다. 그 후 향약은 사림파가 중앙정부에 활동하는 세력에 따라 전국적으로 실시되기도 하고 혁파되기도 하였다. 그러나 임진왜란을 전후하여 점차 재지사족 주도로 지역사정에 맞게 개별적으로 시행되어 갔다. 특히 임진왜란 이후에는 폐허가 되다시피 한 향촌을 복구하고 무너지고 있던 신분질서를 회복하기 위해 사족들은 일반 백성들을 포함시켜 상하민을 포괄하는 향약을 동약(洞約)이나 동계(洞契)의 형태로 조직하기도 하였다.

그러면 향약은 어떻게 운영되었을까? 향약은 기본적으로 해당지역의 구성원 모두가 참여하는 것을 원칙으로 하였다. 이를 거부하는 자는 그 지역에서 쫓겨날 수도 있었다. 향약의 주요 업무는 구성원들의 상부상조와 선악에 따른 상벌의 시행, 국가에 대한 원활한 의무 수행 보조 등 향촌의 대소사에 관한 것이었다. 그리하여 마을의 많은 일들이 향약의 규정에 따라 처리되었으며 그것이 어려울 때에만 관가로 넘겨졌다. 이렇게 보면 향약은 향촌민들의 생활질서를 가늠하는 향촌자치의 형식을 취하고 있었다고 볼 수 있다. 그러나 향약은 기본적으로 상층부를 양반이 장악하고 이들에 의해 시행이 주도되고 있었던만큼, 상하의 명분은 엄중히 구분되었다. 따라서 양반을 능멸하는 자를 철저히 규제하였고,

같은 죄에 대해서도 양반은 훨씬 약한 처벌을 받았다. 이러한 상하간의 엄격한 구분은 향약이 한편으로는 교화(敎化)라는 명분 아래 양반에 의한 향촌민의 통제의 수단으로 작용하고 있었음을 보여준다.

서원은 16세기 중엽 중앙정계에 진출해 있던 사림들이 자신들의 학문적 우위와 정치적 입장의 강화를 위해 선배 도학자들을 문묘(文廟)에 제향(祭享)하는 운동을 전개하면서 확산되어 갔다. 최초의 서원은 중종 37년(1543) 풍기군수 주세붕(周世鵬)이 고려 말의 안향(安珦)을 배향하고 유생을 가르치기 위해 경상도 순흥에 세운 백운동서원(白雲洞書院)이며, 이것이 뒤에 이 지방군수로 부임한 이황의 주청에 의해 명종으로부터 소수서원(紹修書院)이라는 편액(扁額)을 하사받아 사액서원의 효시가 되었다. 사액서원(賜額書院)은 국가로부터 서적·노비·토지 등을 지급받았고 면세·면역의 특권까지 누렸으므로 관학(官學)인 향교(鄕校)를 학문에서만이 아니라 세력과 권위면에서도 능가하였다. 또한 서원은 사림파가 정치의 주도권을 장악한 이후 전개된 붕당정치(朋黨政治)와도 깊은 관련을 가지고 있었다. 서원은 중앙의 정치문제에 대한 향촌 사림의 일차적 여론 결집 거점이 되면서 점차 중요성을 띠게 되었다. 서원은 사림(士林)의 확대재생산을 위한 교육과 바람직한 인간상의 표상인 선현(先賢)들에 대한 제향 기능이 중심이었다.

3. 족보

조선시대에 족보를 가진다는 것은 곧 양반임을 증명하는 것이었다. 족보가 본격적으로 출현한 것은 조선시대이지만 고려시대에도 '씨족', '세계도(世系圖)', '가첩(家牒)', '족도(族圖)' 등의 족보들이 있었다. 족보란 특정 성씨의 시조로부터 편찬 당대인에 이르기까지의 계보를 기록한 것으로, 흔히 세보(世譜)라고도 하였다. 이것은 또 수록되는 범위가 전체냐, 한 분파이냐에 따라 대동보(大同譜)와 파보(派譜)로 구분한다. 족보에는 시조에서부터 세대순으로 이름과 자(字)·호(號)·시호(諡號), 과거와 관직, 저술과 문집, 특기할 만한 업적, 출생과 사망 연월일, 묘지의 위치 등 개인적인 경력과 이력이 기재된다. 이뿐만 아니라 후손이 있는지 없는지, 양자를 들인 것인지 아들을 양자로 보낸 것인지, 또는 적자와 서자, 아들과 사위를 구별하여 기록하였다. 조선시대의 여자들은 이름이 없었기 때문에 족보에 오르지 못하였다. 딸은 사위의 이름으로 올려지고, 부인의 경우에는 친정의 성관과 부친 및 가문의 이름난 조상이 기록될 뿐이었다. 이러한 족보의 작성원칙은 『주자가례(朱子家禮)』의 보급과 『소학(小學)』 교육의 영향으로 성리학적인 종법적(宗法的) 가족제도가 정착되면서 확고해졌다. 아버지의 혈통을 중심으로 하는 친족제도가 확립되어, 신부를 맞아들이는 혼례(=親迎制)의 일반화, 후손이 없으면 반드시 양자를 들이고, 장자를 중심으로 재산과 제사의 상속이 이루어졌다.

양반들에게 있어 족보는 혈연적인 결속력을 강화하는 한편, 하층민과의 차별성을 과시하는 수단이었다. 양반들은 신분적 특권은 고귀한 혈통과 뛰어난 조상에서 연유하는 것으로 생각하였다. 신분제 사회에서 양반이 아니면 상놈이고, 상놈에게는 사회적인 천대와 경제적인 부담이 가중되기 마련이었다. 조선 후기에 들어 상민들의 경제력이 향상되면서 이들은 족보를 가지려고 하였다. 성이 없던 이들은 기존의 유명 성씨에 자신의 이름을 올려 족보에 등재되는 방법으로 양반이 되었다. 족보를 산다는 것은 바로 이와 같이 유명 성씨의 족보에 새로 이름을 지어서 자신과 자식들을 올린 것을 말한다. 이러한 행위를 모속(冒屬) 또는 모칭(冒稱)이라고 하였다.

오늘날 우리는 모두 성과 족보를 가지고 있다. 이 말은 우리 모두가 조선시대에는 양반이었다는 것을 의미하는데, 그러면 과연 우리는 모두 원래부터 성을 가지고 있었고 모두 양반이었다고 볼 수 있겠는가? 이 시대에 우리에게 족보는 어떠한 의미를 가지는지, 한 번 생각해 볼 일이다.

9장 조선시대 농민의 일상생활

1. 농민의 사회적 지위

전근대 시대의 농업사회에서 농민은 곧 그 시대 대다수의 대중을 일컫는다. 조선시대 농민이란 조선시대 일반 서민들을 뜻하며 이들의 삶을 살펴봄으로써 중세사회에서 보통사람들의 생활을 이해할 수 있다.

조선시대 농민은 신분적으로 평민이 대다수였다. 조선왕조 건국 초기 신분제는 국가의 관점에서 양인과 천인으로 구분하는 양천제(良賤制)였는데, 양인에는 일반 평민과 함께 양반들도 포함이 되었다. 그러나 조선 중기 이후 양반들이 사회의 지배신분으로 부상되면서 실질적인 신분제의 운영은 양인 내에 양반과 상민의 차별을 두는 반상제(班常制)로 바뀌게 되었다. 이후 조선시대의 신분은 반상제의 틀 내에서 양반, 중인, 상민, 천민이라는 4신분제가 정착되었다. 일반 평민인 농민들은 양천제 하의 양인(良人)이고 반상제 하의 상민(常民)이었다. 이러한 신분은 양반 신분제 사회에서 피지배신분으로서 존재하였다. 피지배신분으로서 농민의 경제적 지위는 대다수가 소작농인 전호(佃戶)였다. 조선왕조 정부는 국가의 재정 확보를 위한 자영농을 육성하고자 하였으나 농업 현실은 지주제가 경제의 주류를 형성하였다. 이로써 농민들은 전호로서 사는 경우가 많았는데 전호는 기본적으로 지주의 땅을 경작하고 생산물의 50%를 지대(地代)로 바치게 되어 있었다. 이는 마치 서양의 중세 장원의 농노(農奴)들이 영주에게 50%의 지대를 바치는 것과 마찬가지의 경우라고 할 수 있다. 그러나 우리 나라의 농민은 국가권력 형태가 중앙집권적이었기 때문에 왕을 정점으로 하는 중앙권력에 경제적으로 예속되어 있었다. 즉 농민들은 경제적으로 지주와 국가에 이중적으로 지배받고 있었는데, 지주에게 내는 경제적 부담이 지대라고 한다면, 국가에 내는 경제적 부담은 바로 조세였다. 조세는 전형적으로 삼세

(三稅), 즉 조(租)·용(庸)·조(調)로서 전세(田稅)·군역(軍役)·공납(貢納)과 환곡(還穀)이었다. 이러한 이중의 경제적 지배는 한국 중세사회 농민의 지위를 잘 보여주는 것이었다. 그리고 이러한 이중의 지배는 당시 사회가 신분제사회로서 농민들의 지위가 피지배신분이기 때문에 가능한 것이었다.

2. 생산활동

농민들의 일상생활에서 가장 중요한 부분은 생산활동으로서 농업이었다. 농업의 일반적인 과정은 쟁기질로부터 시작되었다. 쟁기는 땅을 깊게 갈아 파종을 할 땅을 고르는 데 사용하는 농기구로서 축력(畜力)을 이용하였다. 철기시대 철제농기구의 대표라고 할 수 있는 보습이 발명된 이후 소를 이용한 쟁기로 발전되었다. 『삼국사기』에는 6세기 신라의 지증왕 대에 우경(牛耕)을 시작하였다고 기록되어 있으나 실제로는 3, 4세기경 이미 쟁기 등의 농기구를 제작하여 논밭을 갈았던 것으로 보인다. 소와 남자 한 명은 하루에 논 2,000여 평을 갈 정도로 쟁기의 사용은 농업기술의 획기적인 발전이었다. 쟁기질이 끝난 후에는 파종을 하는데 밭농사의 경우 쟁기를 사용하여 이랑을 세우고 이랑 위에 파종하는 방법(=농종법 壟種法)이 발전하였다. 그리고 겨울철 작물의 동사(凍死)와 봄가뭄의 폐해를 피하기 위하여 이랑 사이의 골에 파종하는 방법(=견종법 畎種法)도 등장하였다. 한편 논농사의 경우 조선 초기까지는 쟁기질과 써레질로 고른 땅에 바로 볍씨를 뿌리는 직파법이 사용되었으나 조선 중기 이후로는 이앙법(移秧法)이 발달하였다. 이앙법에 의한 벼농사를 하려면 못자리를 만들어 따로 모를 길러야 하며 모내기를 위해서 물을 담수 처리할 수 있는 수리시설이 구비되어야 한다. 이앙법은 벼가 경지를 점유할 수 있는 기간을 단축시키고 다른 작물의 경작 기회를 증가시켜 경지의 이용도를 높일 수 있었다. 이앙법의 도입은 이전에 비해 보다 집약적인 농업을 가능하게 하였다. 이앙법이나 견종법의 실시는 조선 후기 농업생산력을 높이는 기반이 되었고, 농업생산력의 증대는 농민들의 경제력 향상과 농촌사회의 새로운 분화를 야기하였다.

파종과 모내기를 한 이후 농업에서 가장 중요한 것은 김매기이다. 예

왼쪽: 김홍도의 벼타작 그림
오른쪽: 경직도(작자미상)

로부터 농업은 '잡초와의 투쟁'이라는 말이 나올 정도로 김매기는 농민
들을 가장 힘들게 하는 작업 중의 하나였다. 김매기 역시 많은 노동력
을 필요로 했기 때문에 일반적으로 품앗이로 작업을 하였다. 가을에 추
수걷이를 할 때 중요한 작업은 알곡들을 떠는 타작이다. 타작은 벼를
떠는 개상질과 콩·수수 따위의 잡곡을 떠는 도리깨질로 나눈다. 타작
은 너른 마당에서 하기 때문에 '마당질'이라고도 한다. 마을에 따라서는
공용 마당을 따로 마련하였으나, 농사가 많은 집에서는 타작마당을 따
로 갖추는 경우가 많았다. 타작 역시 일시에 많은 양의 노동력을 필요
로 하였기에 이 역시 품앗이로 하는 경우가 많았다.

　우리 나라 농업 생산활동은 모내기, 김매기, 타작까지 일시에 많은 노
동력의 투입을 요하는 것이 대부분이었다. 따라서 생산을 위한 공동노
동과 놀이가 결합되는 문화가 발달하였다. 두레패나 품앗이 등이 그것
이다. 생활공동체로서 농민의 삶은 그들의 생산활동으로부터 놀이에까
지 그리고 그들의 신앙세계에까지 모두 적용되었다.

3. 먹거리 · 입거리

『오주연문장전산고(五洲衍文長箋散稿)』에 의하면 조선 후기까지도 서민들의 식사는 하루 두 끼를 먹는 것이 일반적이었다고 한다. 그러므로 식사를 '조석(朝夕)'이라 불렀다. 서민들의 일상식은 밥 한 사발에 국 한 그릇이 고작이었고, 김치, 깍두기, 간장이 추가될 경우 3첩반상이라 부른다. 그리고 대부분의 상차림은 독상을 원칙으로 하였다.

식품을 효과적으로 섭취하려면 물리적, 화학적 변화를 주어 저장성과 영양가를 높이기 위한 가공과정이 필요하다. 곡류를 주식으로 삼았던 우리 나라에서는 곡류가공에 관한 기술이 특히 발달하였다. 곡물의 겉껍질을 벗기거나 빻아서 가루를 내는 도정에 방아를 이용하였다. 방아는 공이 내리쳐서 찧는 절구, 디딜방아, 물레방아 류가 있고, 아래짝에 놓인 곡물을 위짝을 돌려서 으깨듯 부수는 맷돌, 연자방아 같은 것이 있다. 그 밖에 국수틀이나, 기름틀 등의 가공도구를 이용하여 식품의 이용도를 높였다.

우리 나라는 일찍부터 국물음식이 발달하였으며 부식은 주로 채소를 먹었다. 오이, 가지, 무, 파, 아욱, 박은 고려 이전부터 재배되었으며, 호박, 고구마, 감자, 토마토, 배추 등은 조선 중기를 넘어서 전래되었다. 채소를 가공 저장하기 위해 개발된 대표적인 것이 김치이다. 한국 전통음

디딜방아(왼쪽)와 국수틀(오른쪽)

식의 대명사인 김치의 고유한 맛을 내는 고춧가루와 젓갈이 소금에 절인 허연 채소에 첨가되어 그 독특한 맛을 내게 된 것은 18세기 이후이다. 따라서 그 전에 먹던 김치는 오늘날과 사뭇 다른 것이었다. 즉 채소에 소금을 뿌리거나 소금물을 부어 채소 자체가 국물에 '침지(沈漬)'되게 해서 먹는 것인데, 김치의 어원인 '딤채(沈菜)'는 바로 이 '침지'에서 비롯되었다고 한다. 오늘날과 같은 둥근 모양의 배추가 중국에서 들어와 보급된 것은 18세기 말이다. 따라서 그 이전까지 김치의 주재료는 대개 무였다.

발효식품으로서 음식의 양념으로 빼놓을 수 없는 것이 장(醬)이었다. "장(醬)은 장(將)이다. 모든 맛의 으뜸이요 인가의 장맛이 좋지 않으면 비록 좋은 채소나 맛있는 고기가 있어도 좋은 요리가 될 수 없다. 촌야(村野)의 사람이 고기를 쉽게 얻지 못하여도 여러 가지 좋은 장이 있으면 반찬에 아무 걱정할 것이 없다. 가장(家長)은 모름지기 장담그기에 뜻을 두어 오래 묵혀 좋은 장을 얻어야 할 것이다"(『증보산림경제 增補山林經濟』)라는 기록에서 알 수 있듯이 장은 가장 중요한 조미료였기에 어느 집에서나 장만들기와 보관에 특별히 주의를 기울였다.

육식은 주로 닭이나 개를 식용으로 하였다. 소고기는 농업노동력이었으며 재산으로서도 중요하였기 때문에 생구(生口)라 하여 사람대접을 할 정도였다. 따라서 소의 식용은 흔하지 않았다. 그 밖에 기호식품으로 멥쌀로 빚은 곡주(穀酒), 담배 등을 애용하였다.

옷감의 종류로는 삼베, 모시, 무명, 명주가 대표적인 것이었다. 고려 후기 무명의 전래가 복식문화에 획기적인 전환을 가져오기 전까지 가장 널리 사용된 것은 삼베이다. 조선시대에는 무명이 주된 의류로 사용되었고 목화솜을 두고 누벼 입는 옷도 많아져 방한에 크게 도움이 되었다. 모든 옷감은 집에서 자급자족하는 것이 일반적이었는데, 그러한 길쌈과정은 주로 여자가 담당하였다.

의생활은 계급에 따른 차별이 뚜렷하였는데, 일반 농민들은 농사일에 편리한 복장을 하는 경우가 많았다. 평소에 평민들은 저고리에 바지를 입고 외출을 하였지만 특별한 경우에는 겉옷으로 두루마기를 하나 더 입었다. 두루마기는 양반들의 평상복인 데 비해 평민들에게는 외출복 내지는 예복이었다. 양반들은 두루마기 위에 도포를 하나 더 입었는데, 조선 후기 이래 점차 복식의 평등화가 이루어져 1894년 갑오개혁 때 법제적으로 도포가 폐지되면서 신분 구분에 상관없이 두루마기가 외출복이 되었다.

　여자는 저고리와 치마가 기본이었는데, 시대에 따라 길이나 품, 소매 배래, 도련의 곡선 모양 등이 변화하였다. 16세기 이후 저고리는 길이가 짧아지고 품이 조여드는 경향이 있었고, 치마는 허리에서 매던 것이 점차 가슴 위 겨드랑이 부위에서 매졌고, 엉덩이 부위가 속옷에 의해 부풀려져 항아리 형태의 모습을 연출하는 것이 유행이 되었다. 머리에는 가체를 무겁게 얹고 터질 듯한 소매의 짧은 저고리에 가슴이 노출되는 경우도 있었다. 평민들의 복장은 양반 부녀자에 비해 가슴의 노출이 많았고 노동의 편의를 위한 착장법이 사용되었다.

4. 마을놀이 및 풍속

　농민들의 생활은 농업사회를 유지하는 향촌공동체 내에서 이루어지고 있었다. 따라서 그들의 놀이나 문화 역시 오랜 역사적 전통 속에서 공동체적인 성격을 띠고 있었다. 그들은 공동체 문화 속에서 삶과 죽음에 관한 긴장을 종교적으로 극복하려는 성(聖, sacred)의 문화와 그 긴장을 유희적(遊戱的)으로 해소하려는 속(俗, profane)의 문화를 창출하며 살아가고 있었다.

　마을제의는 마을을 지켜주는 신적 존재에게 주민이 공동으로 제사하는 것으로, 질병과 재앙을 물리치고 건강과 풍요를 비는 행사였다. 마을제의의 형태는 성황제, 단오굿, 무당굿, 산신제, 풍어제, 기풍제 등 다양하였다. 마을을 지켜주는 상징물로서는 장승, 솟대, 남근석 등을 세웠다.

　장승은 민간신앙의 한 형태로 마을 입구나 길가에 세워져 마을의 수호신, 수문신, 사찰이나 지역 간의 경계표, 이정표 역할을 하였다. 솟대는 개인의 가정에서 임시적으로 경축이나 기도를 할 때 세워지기도 하였고, 촌락의 입구나 경계, 성역에 항시적으로 세워지기도 하였다. 한편 남근석(男根石)은 기자(祈子)신앙과 성신앙의 일환으로 숭배되기도 하였다. 남근석은 남자의 생식기를 인위적으로 조각하여 세우거나 비슷한 형태의 자연암석을 대상으로 하여 기자(祈子)나 풍년을 기원하고 질병이나 악신으로부터 자신과 마을을 지키고자 하는 신앙에서 전승되었다. 이러한 장승, 솟대, 남근석은 풍수지리사상과 결합하면서 마을의 비보

장승   솟대   남근석

(裨補) 기능을 담당하기도 하였다.

  마을놀이로는 풍년을 기원하는 달맞이, 강강수월래, 줄다리기, 석전
(石戰), 차전놀이 등이 있었다. 세시 제액(除厄)놀이로는 경북 안동과
의성지방의 놋다리 밟기, 지신밟기 등이 있다. 마을놀이는 공동의 운명
의식을 가지고 풍요와 제액을 염원하는 것이 주종을 이루었으며, 강한
연대감을 표상하는 집단적 연희도 많이 행해졌다.

10장 근대의 대외관계

한국과 관련하여 중일관계사를 보면 두 나라는 항상 다투기만 한 사이는 아니었다. 임진왜란 후 성립된 도쿠가와 막부(德川幕府)가 쇄국정책을 펼 때 나가사키(長崎)에는 네덜란드인과 함께 중국상인들의 출입이 빈번하였다. 반면에 일본인들도 중국의 광주나 재경에 출입하였다. 그러나 일본인들은 조선·유구(琉球)·안남인(安南人)보다 차별대우를 받았다. 중·일 양국 간은 종주관계국(宗主關係國)이 아니기 때문에 그러하였다. 태평천국(太平天國)의 난이 일어났을 때 광주와 재경이 혼란에 빠지자 일본인들이 종주국 정도의 대우를 바랐으나 실패한 것이 그 하나의 예이다. 이에 일본상인들은 1862년의 예에서 보듯이 네덜란드 상선을 무역선으로 사용하기도 하였다. 서양인과 똑같이 대우받기 위해서였는데, 이 목적은 1871년 9월 13일 청일조규의 체약으로 달성할 수 있었다. 양국은 1873년 텐진(天津)에서 이 조규의 비준서를 교환하였다.

1. 근대 중·일 대립의 효시

중·일 양국은 근대 이전까지는 별다른 대립이 없었다. 그러나 1874년 대만 해안에 표착한 유구인과 일본인이 살해되는 사건이 발생하자 일본은 대만을 전격 침공하였다. 1879년에는 유구를 점령하였다. 대만이나 유구는 다 같이 중국의 속국이었으므로 일본의 행위는 중·일 양국에 첨예한 대립을 가져왔다. 이 같은 양국의 대립은 조선문제에도 그대로 이어졌고, 결국 조선문제는 중·일의 대립에 주된 요인을 제공하게 되었다. 조선과 중국은 1637년 병자호란 이후부터 250여 년간 종주관계에 있었다. 조선은 매년 중국에 3~4회 조공사(朝貢使)를 파견하였으며, 중국의 수봉(受封)을 받거나 왕의 즉위나 세자책봉 때도 그러하

강화도조약 회담도

였다. 조선 사신은 안남·유구·버마·일본 등의 사신보다도 더 우대를
받았다. 이러한 전통적인 세계관이 유지되던 조선에 대해, 이미 1854년
미일화친조약과 1868년 메이지 유신을 경험한 일본은 교린책(交隣策)
을 요구하였다. 동래 왜어훈도 안동준(安東晙)은 이 일본의 요구를 일
언지하에 거절하였다.

　　1876년 일본은 조선과 강화도조약을 체결하였다. 당시 조선은 1873
년 대원군이 물러간 이래 민씨일파가 정권을 장악하고 있었고, 민씨일
파는 쇄국정책을 버리고 문호개방정책을 단행하였다. 아편전쟁(Opium
war : 1840~1842) 이후 영국의 위협에 시달려 온 중국은 운남성(雲南
省)에서 발생한 영국영사 마르가리(Margary) 살해사건으로 곤혹스러운
처지에 놓여 있었다. 이러한 배경 하에서 모리(森有禮) 외교는 성공을
거두었다. 일본은 1875년 운요호(雲揚号) 사건을 일으키고, 이 사건을
평계로 조선과 강화도조약을 체결하였던 것이다.

　　강화도조약 제1조는 중국·일본·조선을 동등한 국가로 인정한다는
내용이었다. 이것은 일본의 중국종주권에 대한 도전이었다. 그러므로
중일의 사실적 대립은 강화도조약부터라고도 할 수 있다.

2. 임오군란, 갑신정변과 중·일의 대립

　　조선은 북양대신 이홍장(李鴻章)의 권도에 따라 1882년 5월 조미조

임오군란과
일본공사의 도주

약(朝美條約)을 체결하고, 이후 비슷한 조약을 서양제국과 계속 맺었다.

강화도조약·조미조약 체약은 중국의 종주권을 뿌리부터 뒤흔든 사건이었기 때문에 이홍장은 조미조약 별도조회문(別途照會文)을 증거삼아 속방론(屬邦論)을 제기하기에 이르렀다.

구식군인들의 불만이 터져나오면서 발생한 임오군란(壬午軍亂 : 1882)은 이 속방론 제기에 따른 중·일의 대립전이었다. 민씨일파가 오장경(吳長慶) 등 중국군사를 끌어들이게 한 것이나 일본공사관을 불태운 것, 하나부사(花房義質) 공사가 조선에 재입국하여 제물포조약을 체결한 것 등이 그러한 사실을 반영하여 주고 있다. 중국에서는 임오군란을 진압한다는 명목으로 위안스카이(袁世凱)가 조선에 들어왔고, 이후 위안스카이는 청일전쟁기(1894~1895)에 이르기까지 조선내정에 깊숙이 관여하였다.

중·일 대립의 격화 속에서 중국이 조선에 대한 주도권을 잡게 된 것은 갑신정변(甲申政變 : 1884)을 계기로 하였다. 당시 중국은 청불전쟁(1883~1884) 때문에 조선에 대한 관심이 상대적으로 약화되어 있었고, 조선은 문호개방 이후 민씨일파와 김옥균(金玉均) 등 급진개화의 대립이 격심한 때였다. 김옥균 등은 주조선일본공사 다케조에(竹添進一郎)와 밀의하여 우정국 낙성식을 계기로 갑신정변을 일으켰으나, 일본정부의 정책변화로 일본의 지지를 얻지 못한데다 중국군의 공격으로 정변은 실패로 돌아가고 말았다. 갑신정변 결과 한성조약과 텐진조약이 체결되었고, 일본은 이후 청일전쟁기까지 조선문제에 관한 한 주도권을 중국에 양도할 수밖에 없었다.

청일전쟁은 1894년 7월 아산만 풍도 앞바다에서 영국 야르딘 마테손사(Jardine Matheson)의 고성호(Kowshing)를 일본함대가 격침시키면서 발발하였다. 청일전쟁이 전쟁 당사국이 아니라 우리 나라 영해와 영토에서 전개되었다는 점은 그들의 목적이 조선침략을 계기로 한 이권독점에 있었음을 분명히 보여준다.

청일전쟁기 연구는 김원모(金源模), 트리트(Payson J. Treat), 장부이(T. F. Tsiang) 등의 연구가 대표적이다. 김원모는 청일전쟁 문제를 미국과 결부하여, 당시 미국이 취한 엄격한 중립책은 조선포기정책이요 이는 곧 친일정책이라고 설명하고 있다. 트리트는 중국측 자료를 충분히 이용하지 못한 채 청일전쟁을 설명하고 있다. 장부이는 중국학자로서 중국측 자료를 충분히 이용하여 중일의 대립과정을 설명하고 있다. 이 같은 석학들의 선행 연구업적을 많이 참고하여 청일전쟁을 자세히 설명하기로 한다.

고성호 사건 이후 7월 28일과 29일 아산에서 일군 3,000명과 중국군

1894년 6월 25일.
일군혼성여단이
서울에 주둔

4,500명이 대전하였다. 이 충돌에서 사상자가 일군에서 70명, 중국군에서 1,200명이나 나왔다. 8월 15일과 16일 새벽 사이에 평양전투가 있었고, 이 때는 중국군 4,000명, 일군 3,000명이 대전하였다. 16일에는 대동강 입구에서 전투가 있었다.

8월 26일 조선과 일본 사이에 3개 조약이 체결되었다. 일군은 압록강을 넘어 만주를 침공하고 여순(旅順), 위해위(威海衛)를 점령하고 북경을 위협하여, 이홍장은 실각 위험에까지 이르렀다. 그러나 청·일 양국은 주중미국공사 덴비(Charles Denby)의 거중조정에 의하여 1895년 4월 시모노세키 조약(馬關條約)을 체결하고, 동년 5월 8일 지부(芝罘)에서 조약 비준서를 교환하였다. 이 조약은 조선의 독립, 요동반도 및 대만의 일본 할양을 중요한 골자로 하였으나, 러시아·프랑스·독일에 의한 삼국간섭으로 일본은 요동반도를 중국에 반환해야 했다. 조선은 삼국간섭에서 주도적 역할을 한 러시아에 기울어졌고, 이는 한국사상 유례없는 불행한 사건을 불러왔다. 일군이 경복궁을 침입하여 명성황후를 살해하고 그 시신을 불태우는 을미사변(乙未事變 : 1895)을 일으킨 것이다. 이에 맞서 러시아는 조선의 주도권을 장악하고자 고종을 러시아 공사관에 유폐하니, 이를 아관파천(俄館播遷 : 1896)이라 한다. 러시아의 행위는 조선의 주권을 뿌리째 뒤흔든 사건이었다. 서재필(徐載弼)에 의하여 조직된 독립협회는 정부의 주견 없는 정책을 비판하며 환궁(還宮)을 재촉하였다. 이처럼 삼국간섭 이후 러·일의 대결 구도가 러일전쟁(1904~1905)까지 이어졌다.

11장 19세기 후반 세계정세와 한국의 대응

1. 19세기 후반 세계체제와 동아시아

19세기 한국사회는 안으로는 봉건적 사회체제의 붕괴에 따른 사회적 변동과 반봉건 농민항쟁이 폭발하고, 밖으로는 서구자본주의 열강의 제국주의적 침략이 동아시아로 밀려오는 가운데 심각한 위기상황을 맞이하고 있었다. 서구열강은 18세기 말 19세기 초 산업혁명을 겪으면서 자본주의체제를 확립하고, 19세기 중엽 이후로는 제국주의체제로 이행하였다. 제국주의 열강들은 값싼 원료의 공급지와 넓은 상품시장, 자본의 투자대상을 확보하기 위해 주로 아시아·아프리카·남아메리카 등지를 침략하여 식민지로 삼았다. 19세기 중엽 이미 세계의 대부분을 분할 지배하고 있던 서구제국주의 열강은 아직 미개척지로 남아 있던 동아시아에 대한 침략을 감행하였다. 마침내 1840년 아편전쟁 이후 중국에 대한 침략이 본격화되고 이어서 일본, 조선도 주목받기 시작하였다. 1844년 중국과 불평등조약을 맺은 미국은 1854년 페리가 이끄는 흑선(黑船)의 무력시위로 일본을 위협하여 불평등조약을 맺는 데 성공하였다. 미국은 19세기 중엽부터 영토를 태평양연안까지 확장하고 알래스카와 알류산열도 그리고 남태평양의 서사모아제도를 장악하여 태평양에 대한 지배권을 확장하고 있었다. 나아가 중국, 일본과 체결한 불평등조약을 기초로 동아시아에 대한 침략을 가속화하였다.

이와 같은 동아시아 국가에 대한 서구열강의 침략은 조선에 대해서도 예외가 아니었다. 19세기 초부터 일본과 중국을 왕래하여 무역하던 외국상선, 즉 이양선(異樣船)들이 나타나기 시작하였다. 이들은 처음에는 식수와 식량의 공급을 목적으로 접근하였지만 점차 통상을 요구하였다. 1860년대 전후 이양선의 출몰은 더욱 빈번해졌고, 다른 한편 천주교의 교세가 확장되면서 서양신부들이 들어와 봉건지배체제를 크게 동요시켰다.

19세기 후반 국내외의 정세 속에서 이에 대한 대응의 모습은 크게 3계열로 나누어 볼 수 있다. 첫째는 봉건적인 사회를 유지하며 외세를 막아내자는 위정척사(衛正斥邪)적인 대응, 둘째는 서구화의 추진과 이를 위해 외세와의 결합을 강조한 갑신정변·갑오개혁 등의 문명개화(文明開化)적인 대응, 셋째는 봉건적인 조선왕조를 배격하면서 외세의 개입을 거부하는 농민적 대응, 즉 1894년 갑오농민전쟁(甲午農民戰爭)이었다.

2. 위정척사적 대응

19세기 후반 서구제국주의와의 만남을 지휘한 최초의 인물은 흥선대원군 이하응(李昰應)이었다. 당시 한국은 1863년 철종이 죽고 12세의 어린 고종이 즉위함으로써 1864년부터 대원군이 정권을 장악하였다. 대원군은 봉건체제의 위기를 수습하기 위한 개혁정책과 함께 제국주의의 침략을 막아내기 위해 쇄국정책을 실시하였다. 그는 우선 세도정치의 핵심인 안동 김씨 세력을 제거하고 왕실권위의 상징인 경복궁을 중건하였다. 또한 왕실의 권위를 회복하고 중앙집권체제를 강화하기 위해 비변사(備邊司)의 기능을 약화시키고 삼군부(三軍府)와 의정부(議政府)의 기능을 강화시키는 한편 『대전회통(大典會通)』, 『육전조례(六典條例)』 등의 법전을 간행하였다. 이와 아울러 대원군은 부세 대상에서 빠져 있던 진전(陳田)을 찾아내고 양반에게도 군포를 징수하는 호포법(戶布法), 환곡제도를 개선한 사창제(社倉制) 등을 실시하여 국가재정을 확충하고 농민층의 부담을 어느 정도 덜어주는 조치를 취하였다. 이와 함께 제국주의 세력의 침략에 대비하여 강화도, 교동, 영종도 등 서해안 일대와 한강 하구에 성(城)과 진(鎭)을 수축·정비하고 포대를 설치하여 해안경비를 강화하는 한편 전국에서 포수를 모집·훈련시켜 군사력을 증강하였다. 또한 일본이 통상을 요구하며 보낸 외교문서의 형식이 오만하다고 하여 일본과의 통상도 단절할 정도로 철저한 쇄국정책을 폈다. 대원군의 쇄국정책은 제너럴 셔먼호 사건(1866), 병인양요(1866), 신미양요(1871)를 통해 그 개가를 올리기도 하였다.

대원군정권은 이처럼 서양세력의 침략을 물리치고 무너져 가는 봉건

신미양요.
1871년 4월 14일
남양 앞바다에
모습을 나타낸
아시아함대사령관
로저스제독의
기함 콜로라도호

체제를 다시 수습하는 데는 일정한 성과를 거두었다. 그러나 조선사회가 안고 있는 문제를 근원적으로 해결할 수는 없었으며 많은 저항까지 불러일으켰다. 경복궁을 중건하기 위해 원납전(願納錢)을 거두어 부민(富民)들의 원성을 샀고 당백전(當百錢), 청전(淸錢) 같은 악화를 발행하여 물가를 폭등시킴으로써 백성들의 생활을 어렵게 하였다. 또 양반유생들 역시 그의 서원 철폐, 호포법 실시 등의 정책에 크게 반발하였다. 1873년 말 이항로(李恒老)의 제자인 최익현(崔益鉉)이 상소를 올려 대원군의 정책을 격렬하게 비판하고 그의 퇴진과 고종의 친정(親政)을 요구하였다. 결국 대원군은 양반유생들의 계속되는 상소운동으로 인해 정권에서 물러났고, 그 후 정권의 핵심을 차지한 것은 명성황후 집안의 민씨일파였다.

민씨일파는 대원군 시기에 확대 강화했던 군사력을 유지하지 않아 밀려오는 제국주의 세력을 막아낼 수 없었다. 이 때문에 일본이 무력으로 개항을 강요하자 수동적으로 대응하면서 불평등조약인 개항통상조약을 맺게 되었다. 당시 민씨정권은 개항 후 관제개혁과 함께 일련의 개화정책을 실시하였다. 민씨정권은 삼군부를 폐지하고 통리기무아문을 설치, 청·일 양국과의 외교나 통상·군사·군수 업무를 관장케 하여 개화정책을 추진하는 중심 관청으로 만들었다. 또한 군제도 종래의 5군영을 2군영으로 통합하고 따로 신식군대인 별기군(別技軍)을 설치하였으며, 농업회사와 관영회사를 설립하는 등 각 방면에서 근대화를 추진하였다. 그러나 이러한 개혁은 기존의 유교적 지배이념이나 정치체제는 그대로 유지하면서 서양의 발달한 산업·군사기술 및 상공업제도를 도입하려는 동도서기론(東道西器論)에 입각한 근대화정책이었다.

한편 이러한 근대화정책에 반대하며 양반유생들은 강력한 척사운동(斥邪運動)을 전개하였다. 이들은 주자학적 세계관, 즉 화이론적 입장에서 민씨정권의 외교방침을 비판하였는데, 그 직접적인 계기는 1881년 수신사로 일본에 갔던 김홍집(金弘集)이 일본주재 청 외교관 황준헌(黃遵憲)으로부터 받은 『조선책략(朝鮮策略)』을 보급한 것에 발단이 되었다. 이 책은 조선이 미국을 비롯한 서구 열강과 통상조약을 체결하는 데 직접적인 영향을 끼친 책이었다. 이 때 각 지방의 보수적인 유생들은 "러시아의 남하를 막기 위하여 중국과 친하고 일본과 결합하고 미국과 연대해야 한다"라는 내용을 집중적으로 비판하며 척사상소를 올렸다. 그러나 이러한 상소들은 모두 거부당하였고 상소를 올린 유생들도 엄한 처벌을 받았다. 또한 일부 척사론자들은 정변을 일으켜 대원군의 서장자(庶長子)인 이재선(李載先)을 국왕으로 추대하는 모의까지 하였으나 준비과정에서 발각되고 말았다. 위정척사운동은 외세의 침략에 반대하여 투쟁하였다는 점에 의의가 있었으나 그 운동이 추구했던 바는 봉건적 사회체제였고 자주적 근대화를 이룩하려는 변혁운동은 아니었다.

3. 문명개화적 대응

(1) 개화파의 형성과 분리

문명개화=근대화라는 관점에서 서구형의 근대화를 지향한 세력들은 개화파로부터 나왔다. 개화파는 1860~70년대에 하나의 정치세력으로 형성되기 시작하였다. 이들은 북학파 계열의 학자로 활동한 박지원(朴趾源)의 손자인 박규수(朴珪壽)의 문하생들로 김옥균(金玉均), 홍영식(洪英植), 서광범(徐光範), 박영효(朴泳孝), 유길준(兪吉濬), 김윤식(金允植) 등 명문 양반가 출신의 진보적 소장 지식인들이었다. 이들은 민씨정권 하에서 근대화정책의 입안 및 실무를 맡은 관료로서 봉건적 양이론(洋夷論)을 비판하고 부국강병을 위해서는 시급히 서양문물을 받아들이고 근대적 개혁을 실시하는 것이 필요하다고 생각하였다.

이들은 위원(魏源)의 『해국도지(海國圖志)』 등을 통하여 서양사조를 흡수하였고, 중인 출신인 오경석(吳慶錫)이나 유홍기(劉洪基)의 영향을 받으면서 근대적 개혁구상을 가다듬고 있었다. 이들은 신사유람단이나 영선사에 참여하여 일본과 청의 근대화정책을 살펴보고 돌아와 외국서적들을 소개한다든지 『한성순보(漢城旬報)』를 간행하는 등의 계몽활동을 하였다. 또한 통리기무아문 설치나 군제개혁에도 참여하여 세력을 확대하고 있었다.

개화파는 1882년 임오군란 이후 외세에 대한 인식과 개혁방식을 둘러싸고 온건개화파와 급진개화파의 두 계열로 나뉘어졌다. 전자는 동도서기론적인 민씨정권과의 타협 아래 청이 서양세력의 침투를 막아주는 보호막이라고 생각하고 청의 양무운동(洋務運動)을 모방하여 점진적으로 근대화를 추진하려 하였다. 후자는 청의 내정간섭을 배제하고 민씨일파를 타도한 후 일본의 메이지 유신을 본받아 급속한 근대화를 추진하려 했다. 이러한 대립 속에서 김옥균을 대표로 하는 급진개화파는 정권에서 소외되고 자신들이 양성한 군대마저 민씨정권에 접수되고 말았다. 특히 민씨일파의 당오전(當五錢) 발행 계획에 반대하고 일본으로부터 재정차관을 들여오려는 시도가 실패로 돌아간 이후 이들의 정치적 지위는 급속히 악화되었다.

(2) 갑신정변

급진개화파는 자신들의 정치적 위기를 타개하기 위해 외세를 끌어들여서라도 일거에 정권을 쟁취하지 않으면, 자신들의 지위 확보는 물론 근대 추진도 불가능하다고 판단하였다. 이리하여 '이이제이(以夷制夷)'의 원칙 하에 정한론(征韓論)의 분위기가 팽배한 일본을 이용하여 민씨정권과 청군을 타도할 방침을 세웠다. 때마침 일본도 1882년 이래의 청에 대한 열세를 만회하고 조선에 대한 지배권을 확보할 목적으로 다케조에(竹添進一郞) 일본공사를 통해 지원을 약속하였다. 또한 조선에 주둔하고 있던 청군 병력의 절반이 베트남을 둘러싼 청불전쟁으로 인하여 본국으로 철수하였다.

1884년 12월 4일 급진개화파는 우정국 낙성식 축하연에서 자체 군사력과 일본군을 동원하여 민씨일파를 몰아내고 개혁을 단행하였다. 오늘날 남아 있는 14개조 정강(政綱)을 통해 보면, 이들은 정치면에서 청과

의 관계를 단절하고 입헌군주제(立憲君主制)적인 정치구조를 수립하려고 하였다. 경제면에서는 농상공업의 육성을 통해 국력을 진흥하고 병력을 강화하여 자본주의국가를 수립하는 데 있었다. 또한 이들 개화파 정권은 지주제를 인정한 위에서 중세적 부세제도만 근대적 조세제도로 바꾸는 지조(地租)개정과 보부상단체인 혜상공국(惠商公局)을 폐지하여 상업의 자유로운 발전을 주장하였다. 사회정책면에서는 문벌의 폐지를 통한 정치참여의 기회를 확대하고자 하였다.

이러한 강령을 내건 갑신정변은 3일 만에 끝나고 말았다. 청이 예상외로 신속히 개입하여 공격을 해오자, 청과의 정면충돌은 아직 시기상조라 여긴 일본정부의 지시에 따라 일본군이 철수하였기 때문이다. 게다가 근대화정책의 실시로 피해를 보던 서울의 상인과 빈민들도 개화파와 일본에 대해 강한 적대감을 품고 이들을 공격해 왔다. 갑신정변의 실패 원인은 무엇보다도 그들이 자본주의 경제체제를 지향하였음에도 불구하고 이를 담당할 부르주아계층이 조선사회에서 충분히 성숙하지 못하였기 때문에, 일본이라는 외세를 끌어들여 이 문제를 해결하려고 했다는 점이었다. 서재필(徐載弼)은 회고담에서 "위안스카이(袁世凱)의 간섭으로 독립당의 3일몽은 또 깨지고 말았는바, 그 독립당 계획에는 부실한 것도 많았지만 무엇보다도 제일로 큰 패인은 그 계획도 모르고 반대하는 일반 민중의 무지·몰각이었다"고 말하였다. 이것은 역으로 보면 개화파의 정변이 그만큼 민중들에게 뿌리박지 못하고 유리된 상황에서 진행되었음을 반증하는 것이었다. 이러한 주체적 역량이 미숙한 상태에서 일본에 지나치게 의존함으로써 당시 대중들에게 확산되어 있었던 배일의식을 충분히 고려하지 못한 한계도 그들이 대중으로부터 철저히 외면당하는 요인이 되었다. 또한 외세 의존적인 개혁자세는 결과적으로 청·일 양국의 침략행위에 이용당하는 결과를 낳았다. 청·일 양국은 이 사건을 계기로 양국군의 철수와 파병시 상대국에게 사전 통보할 것 등을 규정한 텐진조약(1885)을 체결하였다. 바로 이것이 1894년 갑오농민전쟁이 일어났을 때 양국의 군대가 출동할 수 있는 단서를 제공하였다.

(3) 갑오개혁

갑신정변이 수습된 이후 급진개화파는 대부분 처형되거나 망명하였지만 정부의 근대화정책은 계속 추진되었다. 정부는 전환국(典圜局), 기기창(機器廠), 직조국(織造局), 광무국(鑛務局) 등의 기관을 설립하여 근대적 산업기술을 도입하였다. 또한 농무목축시험장을 설치하여 농업기술을 개발하고 육영공원(育英公院)을 설립하여 양반자제들에게 근대적 문물을 교육시켰다.

당시 정부는 나름대로 근대적 개혁을 추구하고 있었지만 열강의 침투에 속수무책일 뿐 아니라 봉건적 부패와 문란을 시정하지 않은 채 근대화정책 실시로 늘어난 재정부담까지 민중들에게 전가하였다. 이에 저항하여 1894년 농민전쟁이 일어났다. 농민전쟁이 발발하자 정부는 자력진압이 불가능하다고 판단하여 청에 지원군을 요청하는 한편, 농민군의 개혁요구를 일정하게 받아들이는 선에서 협상을 시도하였다. 그러나 청군이 아산만으로 들어오자(6월 10일), 이를 예상했던 일본은 텐진조약을 빌미로 군대를 인천에 상륙시켰다(6월 12일). 특히 일본은 이를 기회로 삼아 청의 영향력을 제거하고 조선을 보호국으로 만들려는 계획을 가지고 있었다. 조선정부가 농민군과 전주화약(全州和約)을 맺고 양국 군대의 철수를 요구하자 일본은 조선의 개혁에 대한 청일공동지도론을 제의하였다. 여기에는 예정된 청국과의 전쟁 수행을 위해 군대를 조선에 계속 주둔시킬 의도가 숨어 있었다. 이리하여 일본은 청의 내정간섭 반대에도 불구하고 침략을 위한 독자적인 개혁의 원칙을 제시하였다.

이에 조선정부는 내정간섭적인 일본의 개혁요구를 거절하고 군대철

수를 요구하였다. 이와 동시에 정부는 농민군과의 화약대로 폐정을 개혁하는 선에서 정권의 위기에 대처하려 하였다. 정부는 7월 13일 내정개혁을 협의·실시하는 특별기구로서 교정청(校正廳)을 설치하고 농민군의 폐정개혁 요구를 일부 반영한 개혁안을 마련함으로써 일본의 군사개입을 모면하려고 했다. 그러나 일본은 미리 계획한 대로 7월 23일 경복궁을 기습하여 민씨정권을 무너뜨리고 대원군을 추대하였다. 7월 25일에는 아산만 풍도 앞바다에서 청군을 수송하던 영국상선 고성호를 일본함대가 격침시킴으로써 청일전쟁을 개시하였다. 그리고 이틀 후인 27일에는 일본은 마침내 김홍집을 수반으로 하는 친일정권을 세우고 '갑오개혁'을 단행하였다.

일본은 8월 중순 평양전투와 서해해전을 승리로 장식하고, 9월 하순에는 중국 본토를 침입하였다. 전황을 유리하게 이끌어 간 일본은 「조일잠정합동조관(朝日暫定合同條款)」을 체결하여 내정간섭을 합법화하는 동시에 철도·전선의 이권과 개항장의 증설을 요구하였다. 이것은 최혜국대우(最惠國待遇) 조항에 따라 후일 열강의 이권침탈의 단서가 되었다. 또한 「대조선일본양국맹약」을 체결하여 조선에서의 일본군의 군사활동을 합법화하고 군량제공을 의무화하였다. 이는 바로 조선의 보호국·종속국화를 의미하는 것이었다.

이렇게 안팎으로 일본이 압력을 가하는 가운데 친일개화파는 개혁을 추진하였다. 김홍집(金弘集)을 수반으로 하는 군국기무처(軍國機務處)는 사실상 국가의 최고 권력기관으로서 일본의 군사력과 대조선 정책의 뒷받침을 받아 설립되었으며, 의회적인 운용방식과 군사정권적 속성을 발휘하면서 개혁안을 입안하였다. 일본은 자기 의도대로 조선의 근대화를 추진하려고 하였지만, 개혁사업 자체는 개화파의 의도대로 이루어진 측면도 많았다. 또한 친일개화파와 대원군 사이에는 개혁의 자세에서 차이가 있었기 때문에 일본 마음대로 일사불란하게 개혁이 추진되지는 않았다. 결국 일본은 9월 27일 이노우에(井上馨)를 파견하여 대원군을 제거하는 한편, 군국기무처를 해체하고 김홍집·박영효(朴泳孝) 연립내각을 수립하여 친일파 중심의 개혁정치를 수행하였다. 정부 각 부서에는 일본인 고문을 들여보내 개혁과정에 깊숙이 개입하였다. 마침내 12월에는 고종으로 하여금 홍범(洪範) 14조를 발표하게 하여 청의 간섭과 왕실의 정치간여를 철저히 배제하여 강압적으로 개혁을 추진하였다.

갑오개혁에서 실시한 개혁 내용은, 첫째 정치기구의 개혁이었다. 내각제·의회제·신식관료제의 도입, 지방제도의 개혁, 경찰망의 조직화, 사법권의 분리 등이다. 둘째는 재정과 세제개혁이다. 재정기관의 일원화, 조세의 금납화, 화폐제도의 개혁(은본위제), 도량형의 통일, 회계제도의 채용, 환곡제의 폐지 등이었다. 이러한 경제개혁은 국내 상품화폐 유통경제 발전에 일익을 담당하였지만, 일본이 주도한 개혁으로 일본자본이 조선을 침탈하는 데 보다 큰 역할을 하였다. 또한 재정의 기반인 토지제도도 구래의 지주제를 그대로 유지 강화하는 방향에서 지세(地稅)의 금납화(金納化)만을 시행하였을 뿐이었다. 한편 교육방면에서는 기본교육기관인 소학교, 나아가 외국어·군사·사범학교를 설립하여 학교제도를 정비하였다. 그러나 근대화를 추진시켜 나갈 인재의 육성을 외국 특히 일본을 담당자로 한다는 취지 아래 고등교육기관은 설립하지 않았다. 갑오개혁에서 가장 두드러진 부분은 사회개혁이었다. 반상 간의 신분차별 폐지, 노비제의 폐지, 천민해방 등 봉건적 신분제가 법제적으로 철폐되었으며, 과부의 재가허용, 조혼금지 등 가혹한 봉건적 가족제도의 개혁이 이루어졌다. 이것은 봉건적 유제의 법적 부인이면서 동시에 갑오농민군의 요구사항을 반영한 것이었다.

갑오개혁은 지배층의 입장에서 봉건사회를 근대화하려 한 위로부터의 개혁이었다. 그러므로 이 개혁은 아래로부터의 개혁을 추진한 농민군을 진압한 후에야 가능했으며, 그 방법도 일본의 정치·군사적 압력과 일본의 차관을 기반으로 하면서 일본의 개혁을 모방하여 수행하였기 때문에 자주적인 입장을 가질 수 없었다. 개화파정권은 청일전쟁 과정에서 잠정합동조관을 맺어 군사물자 조달이나 경인·경부철도 부설권 등 일본의 이권침탈에 협조하고 농민군의 반침략 민족운동을 진압하여 반민족세력이라는 비난을 받았다. 이러한 지지기반의 취약성 때문에 개혁과정에서 나온 수많은 조치들도 몇 가지 경제적인 개혁조치를 빼고는 제대로 실시되지 못하였다. 결론적으로 갑오개혁은 19세기 이래 조선사회의 모순을 해결하고자 한 내재적 개혁의 한 흐름을 계승하면서도, 청일전쟁의 결과 동아시아에 형성된 일본 중심의 근대적 제국주의 질서 속에 조선이 편입된 과정을 법제화한 양면성을 띤 개혁이었다고 할 수 있다. 이러한 개혁도 1895년 10월 을미사변(乙未事變) 이후 전국 각지의 의병운동과 1896년 2월 고종의 러시아공관으로의 피신으로 인해 개화파정권의 붕괴와 함께 중단되고 말았다. 그러나 갑오개혁은 이후 조선의 자본주의적 발전에 영향을 끼쳤으며, 독립협회운동이 대중적으로 발전할 수 있는 기반을 쌓았다는 점에서 그 의의가 컸다고 할 수 있다.

4. 1894년 갑오농민전쟁

개항 이후 농민이나 소상인들은 경제적으로 몰락이 가중되고 있었다. 개항 이후 들어온 일본상인은 불평등조약을 이용하여 많은 이득을 얻었고, 지주들은 일본상인들에게 쌀을 팔아 많은 이득을 얻고 그 돈으로 다시 더 많은 땅을 사들였다. 더욱이 곡물 수출로 곡가가 오르고 외국산 기계제 면포 수입으로 조선의 토착수공업이 위축되면서 지주·부농·대상인 등의 사회경제적 지위는 높아져 간 데 비하여 빈농을 비롯한 영세수공업자·영세상인·도시빈민 등의 처지는 더욱 어려워졌다. 조선 후기부터 만성화된 재정적자도 개항 이후 근대화정책의 추진에 따라 더욱 늘어났다. 정부는 재정적자를 메운다는 명목으로 새로운 조세항목을 만들거나 당오전(當五錢)을 남발함으로써 백성에 대한 수탈을 더욱 강화하였다. 이에 농민들은 지배층과 무역의 주대상국인 일본에 대한 저항의식이 고조되었다. 이와 같이 봉건체제의 구조적 모순이 심화되는 가운데 삼정문란을 계기로 농민항쟁이 발생하고 있었다.

이 같은 농민항쟁을 전국적으로 통합하는 데에는 동학(東學)의 조직과 논리 제공이 커다란 역할을 하였다. 동학은 1860년경 몰락양반 최제우(崔濟愚)가 창시한 종교로서 "천심이 인심", "사람을 하늘같이 섬기라"고 하여 봉건적 신분질서를 부정하고, 후천개벽(後天開闢)을 통하여 민중과 함께 만민평등의 지상천국 건설을 주장하는 등 반봉건적 지향을 담고 있었다. 동학의 보국안민(輔國安民)의 목표는 바로 이것이었다. 동학은 만민평등의 원리를 기반으로 한 반봉건의 평민의식과 척왜양이라는 반침략의 민족 논리를 바탕으로 하였기 때문에, 동학교문은 포(包)·접(接) 조직이 강화되면서 널리 퍼져 나갈 수 있었다.

동학교세가 확대됨에 따라 정부자배층은 동학에 대한 탄압을 강화하였을 뿐 아니라 동학교도라는 누명을 씌워 부민(富民)들을 수탈하기도

압송되는 전봉준

하였다. 이에 맞서 동학교도들은 대규모 집회를 열어 정부의 탄압을 규탄하기 시작하였다. 그 첫 집회가 1892년 11월 전라도 삼례에서 열렸으나 이 집회는 포교의 자유를 위해 교조 최제우의 누명을 씻으려는 종교적 차원의 청원운동 수준이었다. 이후 동학교단은 동학을 합법화하여 자신들의 처지를 개선하려는 상층간부세력과 동학의 조직을 농민봉기와 결합시켜 반봉건·반침략 투쟁으로 고양시키려는 하층간부·민중세력으로 갈라지게 되었다. 1893년 3월에 열린 보은집회와 금구집회는 이러한 양 세력의 차이를 극명하게 보여주었다. 최시형(崔時亨)을 중심으로 한 동학교문은 보은집회를 열어 교조신원운동(敎祖伸寃運動)을 전개하였지만, 서장옥(徐璋玉)·황하일(黃河一)·전봉준(全琫準) 등 남접지도자들은 금구집회를 열어 척왜척양(斥倭斥洋)과 '수령의 불법 침학 반대'를 외치면서 반봉건·반침략 투쟁의 정치운동을 지향하였다.

후자의 세력들에 의해 1894년 갑오농민전쟁은 시작되었다. 갑오농민전쟁의 발단이 되었던 곳은 전라북도 고부였다. 곡창지대에 위치한 고부는 전통적으로 봉건적 수탈이 심한 곳이었다. 개항 이후에는 쌀 수출과 관련하여 지주제가 강화되고 일본상인들의 침투가 확대되고 있었다. 이러한 모순이 누적되는 가운데 고부군수 조병갑(趙秉甲)은 갖은 수단을 다하여 농민들을 수탈하고 무단행위를 일삼아 고부농민들의 분노를 샀다. 전봉준을 비롯한 고부 일대의 남접지도자들은 금구집회 이후 대중을 이끌 만한 세력을 키우던 중, 1893년 11월 말 만석보(萬石洑)의 개수와 수세(水稅) 징수 문제를 직접적인 계기로 하여 봉기를 준비하였다. 이들은 "고부성을 격파하고 군수 조병갑을 효수한다", "전주성을 함락하고 서울로 직행한다" 등의 행동방침을 결정하였다.

이후 농민전쟁은 승승장구하여 마침내 6월 말에 호남제일성인 전주성을 장악하고 정부와 협상을 맺었다(전주화약). 이 해에 청일전쟁에서 승리한 일본이 친일정권을 내세워 갑오개혁을 단행하는 한편, 조선에서 일본의 영향력을 강화하기 위하여 농민군을 진압하는 데 힘을 기울였다. 그리하여 1년여에 걸친 농민전쟁은 일본군의 화력에 밀려 패배하게 되었다.

1894년의 농민전쟁은 조선 후기 농민항쟁을 통해 성장한 농민대중이 동학의 조직을 이용하여 봉건사회를 변혁하고 자본주의 열강의 침략을 물리치려 한 대규모의 반봉건·반침략 투쟁이었다. 농민전쟁에 참여한 농민군은 경제적으로 농민층에 대한 봉건적 수탈을 제거하여 농민경제를 구제하고 봉건지배세력 및 외국자본주의세력의 침탈로부터 소상인과 다수 빈농층을 보호하려고 하였다. 또 사회적으로는 봉건적 신분질서를 해체하고 근대적 평등사회를 실현하고자 하였다.

그러나 농민전쟁은 농민군이 처음부터 일정한 계획 하에 어떤 완성된 사회정치적 사상을 가지고 변혁운동을 전개한 것은 아니었다. 탐관오리의 제거 → 민씨정권의 타도와 봉건적 폐단의 시정 → 봉건제도의 폐지, 친일정권의 타도와 식민지화의 저지로 운동과 사상을 단계적으로 발전시켜 나갔다.

농민전쟁에서 제기된 농민군의 요구는 개화파 관료들에 의해 부분적으로 수용되어 갑오개혁에 반영되었다. 그러나 갑오개혁은 지주제를 유지·강화하는 방향으로 추진되었기 때문에 농민군의 지향과는 상당한 차이가 있었다. 더구나 농민전쟁 이후 외국자본주의의 침략이 더욱 강화되었다. 이러한 객관정세는 농민전쟁이 끝났지만 농민적 투쟁의 길이 소멸되지 않고 새로운 민족운동으로의 발전을 전망하는 것이었다. 농민전쟁에 참가한 농민들은 영학당, 활빈당 등 새로운 조직을 결성하여 지속적인 반봉건·반침략 투쟁을 전개하였고 이것은 다시 대한제국기의 민중운동과 이후의 의병전쟁으로 계승되었다.

12장 일본의 한국 강점과 식민지 지배정책

1. 일본의 독점적 지배체제 확립과 한국 강점

1894년 청일전쟁 이후 1904년 러일전쟁까지는 세계 열강의 식민지 영토분할 경쟁이 최고조에 이른 시기였다. 특히 동아시아지역에서는 산업혁명을 끝내고 독점자본주의 단계에 접어든 서구열강의 이권침탈과 영토분할이 치열하게 전개되고 있었다. 여기에 당시 산업혁명을 수행하던 일본도 자본의 미성숙 때문에 영국의 독점자본에 종속되면서도 군사력을 확충하여 식민지를 건설하고 제국주의로 전화하기 위하여 온갖 노력을 다하고 있었다.

이때 한반도를 둘러싼 각축전은 이러한 일본과 남하정책을 수행하던 러시아와의 대결로 압축되고 있었다. 삼국간섭 이후 본격화하기 시작한 양국의 대립은 1900년 중국민의 의화단운동을 계기로 러시아가 중국 동북부를 점령하면서부터 더욱 격화되고 있었다. 일본은 1901년 1월 7일 러시아가 제의한 열강 공동보호 하의 한국중립화안을 거부하는 한편, 영·미의 후원 아래 러시아의 동아시아 침투를 막는 극동의 헌병으로서의 지위를 굳혀 나갔다. 1899년 문호개방정책(open door policy)을 선언한 미국은 러시아의 만주점령에 반발하였을 뿐 아니라 일본과 맺은 최혜국대우조항을 이용하여 국제상의 이권을 확보하는 정책을 취하고 있었다. 또한 루즈벨트(Theodore Roosevelt)는 1900년 일본의 한국에 대한 위임통치의 정당성을 피력하고 정책의 기조로 삼고 있었다. 세계 각지에서 러시아와 충돌하고 있던 영국도 청일전쟁 이후 대러시아 정책에서 일본과 협력관계를 유지하는 가운데 1902년에는 영일동맹을 체결하였다. 이리하여 러시아에 대한 영·미·일 연합전선이 구축되고, 일본은 영·미에 종속된 채 이들의 '대리'전쟁에 나섰다.

러일전쟁은 1904년 2월 9일 일본함대가 러시아함대를 기습 공격하면서 시작되었다. 조선은 1월 23일 이미 중립을 선언하였지만, 일본은 이를 완전히 무시하고 2월 23일 군사적 위협을 가하면서 한반도에서 일본군의 행동과 군사기지 설치의 자유를 강요한 「한일의정서」를 체결하였다. 5월 말에는 한국에 대하여 "정치 경제상 보호의 실권을 갖고, 경제상으로도 일본의 이권의 발전을 기도한다"는 「대한방침」을 결정하였다. 또한 「대한시설강령」에서는 이 방침을 더욱 구체화시켜 일본군대의 대한 주둔, 재정과 외교의 감독, 산업부문에서의 척식계획 등 체계적인 침략방침을 세웠다. 드디어 8월 윤치호(尹致昊)가 주선하는 가운데 그 실질적인 조치인 「제1차 한일협약」을 강압적으로 체결하였다. 이것은 일본이 추천한 재정·외교 고문의 채용과 중요 외교안건에 대하여 협의할 것을 규정한 것이었다.

일본은 1905년 3월 봉천싸움에서 승리를 거두었지만, 전력은 한계에 달하고 있었다. 이에 일본은 조선을 식민지화할 방침을 굳히고 러시아와 강화교섭을 추진하였다. 이와 더불어 7월에는 미국과 「가쓰라 태프트 협정(Taft-Katsura Agreement)」을, 8월에는 영국과 2차 영일동맹을 맺었다. 이것은 미국의 필리핀 지배, 영국의 인도지배를 승인하는 대가로 일본이 조선에 대한 '감리와 보호 조치'를 승인받은 것이었다. 이 점은 9월 5일 「포츠머스 조약(Portsmouth treaty)」에서 재확인되었다.

열강으로부터 한국에 대한 독점적 지배권을 승인받은 일본은 한국을 식민지화하기 위한 다음 단계 전략을 추진하였다. 우선은 친일파나 친일단체를 동원하여 국내여론을 날조하는 동시에, 국가권력을 장악하는 것이었다. 일본은 이토(伊藤博文)를 한국에 파견하여 「을사조약(제2차 한일협약)」의 체결을 강행하였다. 1905년 11월 17일 이토는 일본군을 출동시킨 가운데 조약에 반대하는 첨정대신 한규설을 끌어내고, 내부대신 이지용, 군부대신 이근택, 법부대신 이하영, 학부대신 이완용, 농공상부대신 권중현 등 '을사오적(乙巳五賊)'의 찬성 하에 고종에게 「을사조약」의 승인을 강요하였다. 을사조약에 따라 외교권은 일본외무성이, 내정은 통감이 관할하게 되었다. 한국정부는 이제 완전히 허수아비가 되었다.

일본의 지배가 강화되는 가운데 고종황제는 1907년 6월 헤이그에서 열린 만국평화회의에 을사조약이 무효임을 열강에 호소할 의도로 밀사를 파견하였다. 이 사건을 빌미로 일본은 고종을 퇴위시키는 한편, 「제3

헤이그 밀사 이준,
이상설, 이위종

차 한일협약」을 체결하여 군대를 해산하고 차관 이하 각 요직은 물론 권력의 말단까지 장악하였다. 이러한 일제의 강압에 저항하는 의병이 전국적으로 거세게 일어나자 일본은 의병을 진압하기 위해 군대, 헌병, 경찰을 증강하였으며, 1908년에는 조선인을 헌병보조원으로 채용하여 감시체제를 강화하였다. 이렇게 군사적 지배체제를 구축한 일본은 1909년 7월 적당한 시기에 한국을 병합할 방침을 세웠다.

1910년 5월 일본은 현직 육군대신인 데라우치(寺內正毅)를 통감으로 임명하고, 무력에 의한 강권적 병합에 착수하였다. 6월에는 「합병 후 한국에 대한 시정방침」을 세우고 7월에는 헌병경찰제도를 완성하였다. 드디어 8월 22일 군대와 경찰을 동원하여 비상경계망을 편 가운데, "한국황제는 한국정부에 관한 모든 통치권을 완전히 그리고 영구히 일본천황에게 양여"하는 「한국병합에 관한 조약」을 체결하였다. 이 조약은 8월 29일 발표되었다.

이리하여 모든 제국주의 열강의 원조와 승인 하에 예정된 일본의 한국 강점이 단행되었던 것이다. 이것은 한국인의 의사를 완전히 무시하고 전쟁도 없이 지배층 사이의 흥정에 따라 통치권을 확대 시행한 점령이었다. 이제 한국은 일제의 영토로 편입되고 총독에 의한 강권통치가 막을 열게 되었다.

2. 1910년대의 무단통치

일제는 국권 강탈 이후 식민지 최고 통치기구로서 조선총독부를 설치하였고, 한국 사회를 급속히 식민지 지배구조로 재편하기 위한 폭압적인 무단통치를 실시하였다. 조선총독은 육·해군 대장 중에서 선발되었으며, 천황의 직속이었다. 그는 조선주둔군의 통솔 및 파견권, 정무총리권, 제령(制令) 제정권, 총독부령 발포권, 사법기관 감독권 등 모든 권력을 한 몸에 체현한 절대권자로, 오직 천황에 대해서만 책임을 지는 '한국의 전제군주'와 같았다.

무단통치의 물리적 기반이 되었던 것은 헌병경찰과 군대였다. 헌병경찰제도는 헌병이 일상 경찰업무를 담당할 수 있도록 한 것으로서 한국 민족을 군사적으로 억압·감시하려는 목적으로 만들어졌다. 이것은 의병과 같은 한국인의 강력한 저항을 막기 위하여 1907년 「한국 주차(駐箚)헌병에 관한 건」을 만들어 "한국에 주둔하는 헌병은 주로 치안 유지에 관한 경찰업무를 장악한다"고 규정한 것에서부터 시작되었다. 이에 따라 경찰관서와 헌병부대가 전국에 분산 배치되었으며, 각지 헌병부대 책임자가 경찰관서의 장(長)을 역임하였다.

헌병경찰은 의병의 토벌, 첩보수집, 검사업무대리, 범죄즉결처분권, 민사쟁송 조정권 등의 권한도 지녔고, 심지어는 일본어 보급, 농사개량, 징세, 산림·위생 감독 등의 행정업무까지 수행하였다. 헌병경찰은 법적 수속과 정식재판을 거치지 않고 멋대로 한국인에게 벌금, 태형, 구류 등의 처벌을 가할 수 있었다. 일제는 1912년 봉건적인 체벌형인 「조선태형령」을 부활시킴으로써 한국인의 기본권조차 무시하는 헌병경찰의 잔악 행위를 합법화하였다.

일본이 한반도의 식민지화를 실현하는 가운데 가장 중시한 것은 경제 분야였다. 조선총독부는 1910년 9월 '임시토지조사국'을 설치하고 1912년 「토지조사령」을 공포한 후 '토지조사사업'을 실시하였다. 1918년까지 계속된 토지조사사업은 근대적인 토지소유제도를 확립한다는 이유를 내세워 토지소유권 조사와 토지가격 조사, 지형 및 지목에 대한 조사를 한 것이었다. 조선총독부가 토지조사사업을 실시한 일차적인 목적은 막대한 총독부 소유지를 확보하여 식민지 지배의 경제적 기반을 만드는 데 있었다. 이 밖에도 토지조사사업은 조선총독부의 지세(地稅) 수입을 급증시켜 그 식민지 지배를 재정적으로 뒷받침해 주었다. 소유

토지조사사업.
측량기구를 지고
가는 한국인들과
기념촬영하는
일본 기술자들

권의 확인과정에서 경작농민들이 가지고 있었던 부분소유권으로서의 도지권(賭地權) 등은 토지소유권에서 완전히 배제되었고, 지주의 소유권이 유일한 배타적 권리로서 확정되어 지주제는 식민지 농업구조에 예속적으로 편입되었다. 또한 궁방전(宮房田) 등 농민이 실질적인 소유주로서 대대로 경작해 온 땅들이 총독부의 소유지화하였고, 이러한 방대한 토지는 동양척식주식회사나 일본인 개인지주에게로 넘어갔다. 그 결과 한국인들의 토지 상실은 증가하였다. 결국 일제는 토지조사사업에

<표> 1910년대 총경지 증가 추이와 일본인 소유경지 증가 추이

(단위 : 정보)

연도	전국 총경지			국유지	일본인 소유지	동척 소유지
	논	밭	합계			
1910	847,667	1,617,236	2,464,903		69,312	10,944
1911	1,002,325	1,720,891	2,705,216	97,460	93,380	25,265
1912	1,024,394	1,822,542	2,846,935		107,980	44,549
1913	1,067,290	1,818,621	2,885,911		155,862	60,529
1914	1,089,320	1,869,838	2,959,503		159,861	65,395
1915	1,177,530	1,993,079	3,170,609		169,007	68,674
1916	1,340,235	2,249,178	3,589,503			68,671
1917	1,435,093	2,439,907	3,875,080	124,499	236,586	69,550
1918	1,544,430	2,797,660	4,342,090			69,446
1919	1,543,089	2,781,589	4,324,678			70,554

*자료 : 조선총독부, 『조선총독부통계연보』 1910~1919.

기초하여 농민수탈을 위한 식민지 지주적 농업구조를 확립하였으며, 일본 자본의 요구에 따라 지주 위주의 농업정책을 전개하여 일본 자본주의의 구조적 문제인 저미가(低米價)=저임금문제를 해결해 나가고자 하였다. 그러나 농민들은 이러한 수탈구조 속에서 토지로부터 이탈되어 빈궁과 몰락의 길을 걷게 되었다. 이러한 농민의 불만은 3·1운동 등에서 농민들의 광범위한 저항으로 나타났다.

3. 1920년대의 '문화정치'와 산미증식계획

1919년 3·1운동 이후 일제의 지배방식은 새로운 방식으로 전환되었다. 무단적인 지배방침이 3·1운동으로 인해 한계를 드러냄에 따라 통치방식의 새로운 전환이 불가피하였다. 또한 경제적으로 제1차 세계대전 이후 축소된 국제시장에 대처하기 위해 충실한 식량·원료 공급지 및 자본 투자지로서의 식민지 한국에 대한 경제적 지배를 강화시키고자 하였다.

이러한 배경 하에서 일제는 한국 내부에 일제를 대행할 수 있는 구조를 갖추어 나가는 것이 유리한 책략이라고 판단하고 이른바 '문화정치'를 내세웠다. '문화정치'는 1910년대부터 형성시켜 온 식민지체제의 구도 위에서 '발전'을 표방하면서 유화정책을 실시하고 민족의 붕괴, 민족해방운동의 분열과 개량화를 기도하였다.

1919년 8월 조선총독으로 부임한 사이토(齋藤實)는 '문화의 창달과 민력의 충실'이라는 슬로건을 내걸고 몇 가지 개량적인 조치들을 취하였다. 그 내용은 총독 무관제(武官制)의 폐지, 헌병경찰제 폐지, 조선인 관리의 임용과 대우개선, 언론·출판·집회 등의 제한적 허용, 산업개발, 지방자치 실시를 위한 조사연구 등이었다. 그러나 이러한 정책들은 식민지 지배를 강화하고 그것을 은폐하기 위한 허구적인 조치들에 불과했다. 총독 무관제를 폐지한다고 하였지만 실제로 초대 총독 이래 7대 총독에 이르기까지 문관 출신은 단 한 명도 없었다. 또 헌병경찰제를 폐지하였다고 하지만 이전의 헌병을 제대시켜 경찰 병력으로 돌리는 한편 새로 경찰관을 선발하여 그 수를 늘렸다.

문화통치의 진정한 의도는 민족분열정책에 있었다. 이것은 3·1운동까지 보여주었던 전 민족적인 항일의지를 약화시키고 한국 내부의 안정적인 침략의 대행자들을 형성하려는 것이었다. 이로써 한국 사회 내부에는 일제에 동조하는 친일파들이 구조적으로 형성되기 시작하였다. 문화통치의 본질은 바로 식민지의 안정적인 지배를 위해 협력자인 일부 친일파들에게는 특혜를 주고, 대다수의 사람들에게는 극심한 탄압과 수탈을 하는 분리통치(divide and rule)였다. 조선총독 사이토는 「조선민족운동에 대한 대책」에서 친일파를 육성하는 방안으로, 첫째 귀족·유생·부호·실업가·교육가·종교가 등 각종 친일단체를 조직할 것, 둘째 수재교육의 이름 하에 조선 청년을 친일분자로 양성하며, 학식있는 유지 출신에게 관직을 줄 것, 셋째 조선인 부호·자본가에 대하여 일본 자본가와 연결시켜 줄 것, 넷째 민간의 유지에게 수제회(修齊會)를 조직하게 하여 농촌지도 등을 담당하게 할 것 등을 제시하고 이를 적극 추진하였다. 무단통치가 문화정치로 전환된 것과 짝하여 1920년대의 경제는 일본경제와 본격적으로 결합하여 전형적인 식민지적 경제구조로 재편되어 갔다. 제1차 세계대전 중 일본에서는 자본의 급속한 축적으로 말미암아 농민의 대량이농과 도시노동자의 급증이라는 사회현상이 일어났다. 이는 농업생산이 정체되는 가운데 고미가(高米價)를 초래하였고 1918년에는 일본 각지의 도시에서 '쌀소동'이라는 폭동이 일어났다. 일본 국내의 쌀부족 현상을 해결하기 위해 식민지 한국에 '산미증식계획'을 수립하게 되었다. 이 계획은 1910년대 토지조사사업으로 구축된 농업생산체계를 기반으로 하면서 토지개량과 수리시설의 확충을 통해 쌀 수탈을 강화하는 데 중점을 두었다. 이에 따라 1920년부터 15년 동안 2억 3620만 원을 들여 42만 7200정보의 토지를 개량하고 영농방법 개선을 지도하여 899만 5천 석을 증수하고 그 중 800만 석을 일본으로 반출해 간다는 계획이 수립되었다. 이 계획은 일본의 불황에 따라 재원조달이 어려워진데다가 지주들이 토지개량에 투자하기보다는 토지구매에 열중하는 양상을 보여 목적한 성과를 거두지는 못하였다. 그러나 처음에 의도했던 일본에의 식량공급 목적은 상당히 달성되었을 뿐만 아니라 식민지 한국의 지주제를 재편·강화하는 역할도 하였다. 토지개량의 중심사업인 수리조합이 지주를 중심으로 운영되어, 지주들은 저리의 농업금융 혜택을 받을 수 있었는데, 일본자본의 농업금융 혜택을 받으면서 일본인 대지주나 한국인 대지주의 토지집적이 급속하게 진전되었다. 그러나 이 시기 일본의 국가자본·금융자본이 지주제를 매개로 실시한 농업생산력 수탈정책인 '산미증식계획'으로 인해 한국인의 쌀소비는 아래의 표에서 보듯이 일본인 1인당 쌀소비량의 절반에 불과할 정도로 감소하였다.

<표> 1910~1930년 한국의 미곡생산과 수출·소비량

연도	생산고 (천석)	일본 수출량 (천석)	한국인 1인당 소비량(석)	일본인 1인당 소비량(석)
1912	11,568	2,910	0.7724	1.068
1915	14,130	2,058	0.7376	1.111
1917	13,933	1,296	0.7200	1.126
1919	15,294	2,874	0.7249	1.124
1920	12,708	1,750	0.6301	1.118
1921	14,882	3,080	0.6749	1.153
1922	14,324	3,316	0.6340	1.100
1923	15,014	3,624	0.6473	1.153
1924	15,174	4,722	0.6032	1.122
1925	13,219	4,619	0.5186	1.128
1926	14,773	5,429	0.5325	1.131
1927	15,330	6,136	0.5245	1.095
1928	17,298	7,405	0.5402	1.129
1929	13,511	5,609	0.4462	1.110
1930	13,511	5,426	0.4508	1.077

*자료 : 조선총독부 농림국, 『조선미곡요람』, 1937.

4. 1930년대 이후 식민지 파쇼체제와 민족말살정책

1929년 가을 미국에서 시작된 세계대공황을 겪으면서 일본경제 역시 미증유의 대공황에 들어갔다. 일본은 이 파국적인 경제공황의 돌파구를 제국주의적 팽창정책, 일본 독점자본의 군사적 재편성, 식민지정책의 강화, 중국대륙의 침략 등에서 찾아나갔다. 당시 일본 본국의 정국도 소위 다이쇼(大正) 데모크라시 시기가 끝나고 파시즘 체제로 전환되어 가면서, 일본 독점자본의 군사적 재편성에 기초한 군국주의화의 길로 접어들어 갔다. 본격적인 대륙침략의 계기를 만주사변(1931)에서 연 일본은 이후 다시 중일전쟁(1937), 태평양전쟁(1941)으로 그 침략전쟁을 확대시키면서 식민지 한국에 대한 심한 파쇼통치체제를 실시하였다.

식민지 파쇼통치체제의 강화는 먼저 군사력과 경찰력의 증강에서 시작되었다. '문화정치' 시기에 2개 사단이었던 한국 주둔 일본군은 만주

징병제 실시 시가행진

사변 후 곧 1개 사단이 증가되었다. 중일전쟁기를 거쳐 태평양전쟁 말기에는 약 23만 명의 일본군이 한국에 배치되는 한편, 경찰병력도 태평양전쟁이 일어났을 때는 3,212개 관서에 35,239명으로 증가하였다. 특히 비밀고등경찰, 헌병스파이, 경찰보조기관인 경방단 등을 두어 한국인의 일거수 일투족까지도 감시하였다.

파쇼체제 강화의 또 하나의 방법은 철저한 사상통제로 나타났다. "일본의 국체(國體) 및 정체(政體)의 변혁과 사유재산 제도를 부인하는"「치안유지법」 위반자를 감시하기 위해 「조선사상범보호관찰령」(1936. 12)을 만들어 서울·평양·대구 등 7개소에 보호관찰소를 설치하였다. 중일전쟁을 도발하면서는 조선중앙정보위원회(1937. 7)를 두고 지식인에 대한 개인적 정보를 수집하는가 하면 사상전향자들의 단체인 시국대응전선사상보국연맹(時局對應全鮮思想報國聯盟 : 1938. 8)을 만들어 "사상국방전선에서 반국가적 사상을 격멸하는 육탄용사"가 되기를 강요했다. 태평양전쟁기에 들어갈 즈음에는 사상통제가 더욱 강화되어, 1941년 1월에는 이 사상보국연맹을 개조하여 '야마토주쿠(大和塾)'를 만들고 사상범으로 지목된 사람을 모두 가입시켰다. 1943년 현재 야마토주쿠는 91개 지방에 5,400명이었다.

일제의 파쇼통치체제는 일반 주민들의 생활 전반까지 철저히 통제하였다. 중일전쟁 발발 뒤인 1938년부터는 「국가총동원법」이 적용되었고, 국민생활 통제의 모체인 국민정신총동원조선연맹(1938. 7)이 결성되었다. 이 연맹은 도, 부·군, 읍·면, 동·리 연맹 등의 지방연맹과 각 직장연맹으로 조직되었다. 지방연맹 밑에는 10가구를 단위로 '애국반'을 만들어 세대주가 반원이 되게 하였다. 1942년 4월 현재 전국 36만여 애국반에 448만 명의 반원이 있었다. 이 애국반은 정기적으로 반상회를 열어 일장기 게양, 신사참배, 일본천황의 궁성에 대한 배례, 일본어 상용, 방공방첩, 애국저금 등을 강요하였고, '일본정신 발양주간', '근로보국주간', '저축보국주간' 등을 계속 만들어 실천을 강요함으로써 힘겨운 침략전쟁을 이끌기 위한 한국인에 대한 통제를 지속하였다. 또한 전쟁인력의 부족을 메우기 위한 「육군특별지원병령」을 공포하고(1938. 2) 한국 청년을 전쟁에 동원하였다. 지원병제도로 문을 연 청년들의 전쟁동원은 태평양전쟁 막바지에 징병제로 바뀌어(1944) 패전할 때까지 약 20만 명이 징집되었다. 이 밖에도 일제는 모집, 징용, 보국대, 근로동원, 정신대 등을 통한 노동력의 강제수탈로 침략전쟁 시기 한국인의 희생을 강요하였다.

침략전쟁을 충실히 수행하기 위한 한국인에 대한 통제와 수탈을 자행하면서, 한편으로는 그러한 통제를 합리화시키는 '민족말살정책'을 실시하였다. 즉 일본은 이른바 '내선일체(內鮮一體)'를 강조하여 한국민족의 '황국신민화(皇國臣民化)정책'을 실시하였다. 일제는 "우리들은 대일본제국의 신민(臣民)이다", "우리들은 합심하여 천황폐하에게 충성을 다한다" 등을 내용으로 하는 「황국신민서사(皇國臣民誓詞)」라는 것을 만들어 항상 이것을 제창하게 했을 뿐만 아니라 심지어 식량배급이나 기차표 구입 때도 이것을 일본어로 외우게 하였다.

침략전쟁이 궁지로 몰리면서 일본의 한국민족말살정책도 그 정도를 더해갔다. 한국사람들을 일본식의 성과 이름으로 바꾸게 한 '창씨개명(創氏改名)'을 단행하기에 이르렀다. 창씨개명에 저항하여 죽음을 택한 사람도 있었으나, 창씨개명을 하지 않으면 각급 학교의 입학이 허가되지 않았고, 각종 행정기관에서 사무취급을 거부당하는가 하면 식량과 기타 물자의 배급대상에서 제외되었다. 이같이 일상 생활 전반에 걸쳐 막심한 탄압을 받았기 때문에 80%의 한국인이 창씨개명에 응하지 않을 수 없었다. 또 일본은 어용학자들을 동원하여 한국민족의 존재를 근원적으로 부정하기 위하여 일본민족과 조선민족은 같은 조상에서 나왔다는 '동조동근론(同祖同根論)'을 강조하였다. 이 동조동근 사상은 일선동조론(日鮮同祖論)으로서 한국인의 민족의식을 잠재우고 '일본정신'을 주입하는 데 사용되었다. 한국인 지식들 가운데에도 이러한 사상에 동조하는 사람들이 나오는 한편, 일본의 조상신이라는 '아마테라스 오오미카미(天照大御神)'의 신주(神主)를 한국인 가정에서도 걸어 놓고 예배할 것을 강요하였다.

13장 '전쟁과 혁명의 시대'와 3·1운동

1. 1910년대의 세계정세

3·1운동은 기본적으로 일제의 식민지 지배에 대한 우리 민족의 첨예한 민족모순과 대립에 기인하였지만, 그 배경에는 이른바 '혁명과 전쟁의 시대'로 표현되는 1910년대 세계정세의 변화와 깊은 관련이 있었다.

1914~18년에 걸쳐 일어난 제1차 세계대전은 독점적 자본주의체제가 형성되면서 나타난 서구 자본주의 국가들 사이의 불균등한 발전으로 인해 식민지와 시장 확보를 둘러싸고 폭발한 제국주의전쟁이었다. 이 전쟁은 열강의 힘의 관계를 재조정하면서 자본주의 세계체제를 재편하였다. 세계경제의 지도적 지위를 차지하던 영국은 그 지위를 상실하고 대신 전쟁으로 막대한 이득을 얻은 미국이 세계 자본주의체제의 주도적 지위를 차지하게 되었다. 한편 제1차 세계대전 중인 1917년에 일어난 러시아 10월혁명은 러시아를 제1차 세계대전에서 이탈하게 하여 제국주의전쟁을 전면 부정하고, 사회주의 혁명과 약소민족의 해방을 가시화하여 자본주의체제를 붕괴시키는 단서를 제공하였다.

자본주의와 사회주의의 대립, 자본주의 국가들 사이의 세력조정이라는 국제정세의 변화 속에서 식민지의 위상에도 중대한 변화가 생겼다. 1917년 신생 소비에트공화국의 레닌(V. I. Lenin)은 자국 내 100여 개 이상의 소수민족에 대해 민족자결의 원칙을 선언하였다. 또 1918년 1월 미국대통령 윌슨(W. Wilson)은 세계대전 패전국들의 식민지 처리에서 민족자결주의를 적용하자고 주장하였다. 윌슨과 레닌의 민족자결주의는 그 함축하는 내용은 다른 것이었으나 민족자결주의가 전후의 새로운 사조로 등장하여 결과적으로 식민지 약소민족들을 크게 고무하였다. 제1차 세계대전 종전에 즈음한 이러한 새로운 시대적 분위기의 고양은

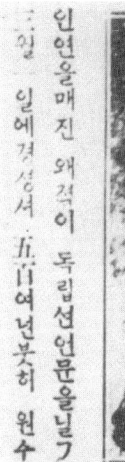

3·1운동 당시에
재미교포신문에
보도된 시위 광경

우리 민족에게도 독립의 기운을 불러일으켰다. 특히 국내외의 부르주아 민족주의자들은 윌슨의 민족자결주의에 의한 베르사이유체제의 성립에 주목하여 이를 '세계 개조의 신시대'로 파악하고 세계 열강의 힘을 빌려 독립의 기회를 얻고자 하였다. 그러나 베르사이유체제와 파리강화회의에서 말하는 민족자결주의는 제1차 세계대전 패전국들의 식민지에만 적용되는 것으로서 우리 민족은 이에 해당되지 않았다. 또한 세계대전 직후 일본의 경제력과 국제적 지위가 급속히 신장하여 이러한 사정은 우리 민족에게 불리하게 작용하였다. 이러한 현실에서 국제정세에 근거하여 독립을 얻기란 결코 쉬운 문제가 아니었다.

2. 3·1운동의 초기 준비과정과 33인

3·1운동의 최초 준비는 '민족대표'로 불리는 종교계의 지도급 인사들을 중심으로 계획되었다. 천도교와 기독교의 교단조직을 매개로 관련을 맺고 있던 지식인들과 각 교파의 지도급 인사들은 1918년 말부터 1919년 초에 걸쳐 독립요구를 위한 정치적 의사표시에 대해 논의하였다. 이들이 운동을 논의하게 된 직접적인 계기는 윌슨 대통령의 민족자결주의 제창과 이에 호응한 상해·미주·도쿄 등지의 독립운동 소식이었다.

상해에서는 1918년 11월 여운형(呂運亨), 김규식(金奎植), 장덕수(張

德秀), 김철(金澈), 선우혁(鮮于爀) 등이 신한청년당(新韓青年黨)을 결성하고 독립청원서를 작성하여 중국에 온 윌슨대통령의 특사 크레인(C. R. Crane)에게 전하는 한편, 1919년 1월 김규식을 파리강화회의에 파견하기로 하였다. 미주지역에서는 1918년 12월 대한국민회 중앙총회를 개최하고 이승만(李承晚), 민찬호(閔瓚鎬), 정한경(鄭翰景) 등 3인을 파리강화회의에 파견하고자 하였으나 미국이 이들의 출국을 허용하지 않아 미국대통령에게 3개 항의 청원서를 제출하는 등의 외교활동을 전개하였다. 도쿄에서는 1919년 1월 조선인 유학생학우회가 도쿄 YMCA회관에서 웅변대회를 가장하여 회합을 열고 조선청년독립단을 결성하고 「민족대회소집청원서」와 「독립선언서」를 작성하여 발표하니 이것이 곧 2·8독립선언이다. 이들은 준비과정에서 송계백(宋繼白)을 국내로, 이광수(李光洙)를 상해로 각각 파견하여 각지 운동과 연계를 도모하였다.

이러한 해외의 움직임은 먼저 손병희(孫秉熙)·최린(崔麟) 등 천도교측 인사들과 이승훈(李昇薰) 등 평안도의 기독교계 인사들에게 전달되었다. 천도교, 기독교계 인사들과 불교계의 한용운(韓龍雲) 등은 수차례의 회합을 통해 운동방법에 대해 여러 가지로 구상하였는데, 독립선언과 일본정부에 대한 독립청원을 병행하기로 결정하였다. 그리고 운동전개의 3원칙으로서 대중화·일원화·비폭력 노선을 정하였다. 그리하여 선언서, 파리강화회의와 윌슨 대통령에게 보내는 독립청원서, 일본정부에 보내는 독립의견서 등이 작성되었고, 2월 27에는 독립선언서가 인쇄되어 종교교단을 중심으로 배포되었다. 그리고 학생들의 비밀조직망에 의해 시위 및 대중동원계획이 수립되었다.

그러나 '민족대표'들은 3·1운동 전 과정에서 운동을 촉발하고 계획한 것에는 그 역할의 의의를 인정할 수 있으나 전체적으로 볼 때 운동을 바라보는 관점이나 운동의 지도부로서의 자세에 있어서는 일정한 한계를 가지고 있었다. '민족대표'들은 제국주의적 국제질서를 지나치게 낙관하여 청원주의 방식을 채택하였을 뿐만 아니라, 외세 의존적이고 타협적인 자세를 취함으로써 광범위하게 동원된 민중들의 항일투쟁을 끝까지 이끌어 가지 못했다. 단적인 예로 3월 1일 파고다 공원에서 있은 대중들의 만세시위 현장에 참석하지 않은 것은 지도부로서 그들의 한계를 보여주는 것이었다. 3월 1일 정오를 기해 서울을 비롯하여 평양·진남포·의주 등지에서 동시에 일어났는데, 당초 독립선언식은 고종

인산일을 기해 많은 사람들이 서울에 모일 것을 예상하여 종로의 파고다공원에서 거행할 예정이었다. 그러나 민족대표는 민중이 모이면 뜻하지 않은 폭력사태가 유발될 수 있다고 우려하여 일방적으로 장소를 옮겼다. 그리하여 민족대표들은 태화관이라는 음식점에 모여 독립선언서를 낭독하고 일제 관헌에 자수하였다. 그 후 3·1운동은 각 지역에서 자연발생적으로 각 지방의 유생, 청년, 학생들이 주도하며 분산적으로 전개되었다. '민족대표'들의 이러한 행동과 입장은 3·1운동 전 과정에서 양면적인 평가를 받는 원인이 되고 있다.

3. 3·1운동의 대중적 확산

3·1운동은 고종의 인산일인 3월 1일 정오 서울을 비롯하여 평양·진남포·안주·의주·선천·원산 등지에서 동시에 일어났다. '민족대표' 없이 파고다공원에서 거행된 독립선언식은 대중의 반일감정이 자연발생적으로 폭발한 만세시위운동으로 확산되었다.

<표> 각 도별 시기별 운동 횟수 및 양상

	3.1~3.10		3.11~3.20		3.21~3.31		4.1~4.10		4.11~4.20		4.21~4.30		총계	
	폭력	비폭력	폭력	비폭력	폭력	비폭력	폭력	비폭력	폭력	비폭력	폭력	비폭력	폭력	비폭력
서울		10	1	1	13	39						1	14	51
경기	2	6	6	6	52	90	32	23	2	2			94	127
충북				1	7	3	18	15	1	4			26	23
충남		3	3	10	6	8	28	17	1				38	38
강원		1		3	3	5	15	34	1	7	1		20	50
경북		3	12	7	10	7	6	10		4		1	28	32
경남			8	15	12	24	18	25	4	2		6	42	72
전북		3	2	7	1	11	2	4		2			5	27
전남		1	1	8		7	1	13	1	13	1	3	4	45
황해	5	18	4	19	11	11	26	26	1	9	1		48	83
평남	22	48		2		5	1	5		1			23	61
평북	6	35	4	8	11	10	23	17		1			44	71
함남	5	13	8	38	3	2	1	1					17	54
함북	1	1	4	15		8	2	9		4		7	7	44
계	41	142	53	140	129	230	173	199	11	49	3	18	410	778
비율	22.4	77.6	27.5	72.5	35.9	64.1	46.5	53.5	18.3	81.7	14.3	85.7	34.5	65.5

*국사편찬위원회 편, 「각도운동일람」『한국독립운동사』 2, 1968.

3월 상순에는 경기도·평안도·함경도·황해도의 도시를 중심으로 기독교·천도교의 조직력이 강한 지역에서 시위가 주로 전개되었다. 그리고 3월 중순 이후로는 경상도·전라도·강원도·충청도로 확대되어 운동은 전국적 규모로 확산되었다. 운동은 5월까지 지속되었고, 특히 3월 하순에서 4월 상순 사이에는 동시다발적이고 격렬한 투쟁양상을 보여 운동이 최고조에 달하였다. 청년·학생층, 노동자, 농민, 중소상공업자 등 대규모 군중의 만세시위가 일상화되었을 뿐만 아니라 점차 폭력적인 양상을 띠었다. 운동의 급속한 확산과 전 민족적 참여에는 지식인, 청년·학생층이 이바지한 바가 컸다. 이들은 시위·봉기를 조직하기도 하고 그 과정에서 각종 비밀결사를 조직하고 시위를 준비하고 이끌었다. 경기도 부천의 혈성단(血誠團), 조치원 청년단, 조선독립단 이원지단(利原支團), 조선독립고흥단(朝鮮獨立高興團), 전남 순천의 도란사(桃蘭社), 대구의 혜성단(彗星團), 조선독립개성회 등은 대표적인 비밀결사였다. 그러나 운동이 전국적으로 확산될 수 있었던 근본적인 원인은 광범위한 민중이 적극적으로 참여하여 비타협적인 투쟁을 전개한 데에 있었다. 3·1운동의 전개과정에서 서울에서는 3월 22일 노동자대회가 열려, 전차종업원·경성철도노동자·만철노동자 등이 파업으로 일제에 저항하였다. 농촌에서는 조선 후기 농민봉기 때 등장했던 횃불시위·산상봉화시위·산호(山呼)시위 등이 다시 벌어졌고, 원거리 시위에 참여하는 의도적 시위군중인 '만세꾼'이 등장하기도 하였다. 농촌의 시위는 주로 장날을 중심으로 평화적 시위로 시작하였으나, 헌병·경찰의 무자비한 탄압과 주도자 구금 등에 대항하여 폭력적인 시위로 발전하였다. 농민들은 돌멩이, 몽둥이, 낫, 죽창, 곡괭이 등으로 무장하여 경찰관서, 헌병대, 면사무소, 우편소, 금융조합, 일본인 집 등을 파괴하는 실력행사에 들어갔다. 이러는 과정에서 민중들의 투쟁 양상은 자연발생적인 봉기에서 투쟁목표가 구체화하고 싸움을 조직화하는 경향이 두드러져 계획적이고 공세적인 폭력투쟁으로 진전되었다.

각계 각층의 광범위한 민중들의 적극적인 참여는 비타협적인 투쟁을 지속시키고 3·1운동을 진정한 의미에서 전 민족적인 항일운동이 되게 하였다. 운동이 가장 치열했던 3~5월까지의 구금된 입감자의 구성을 보아도 농민이 50% 이상을 차지하는 것을 비롯하여 지식인, 청년, 학생, 상공업자 등 다양한 각계 각층의 총체적인 참여의 모습을 보여주었다.

<표> 3·1운동 입감자의 계층·계급별 구성

지역		경기	강원	충남	충북	함남	함북	평남	평북	황해	경북	경남	전남	전북	
해당 감옥		서대문 인천	춘천	공주	청주	함흥 원산	청진	평양 진남포	신의주	해주	대구	부산 마산 진주	광주 목포	전주 군산	계
농민(일부 지주포함)		884 (46.3)	81 (77.1)	325 (78.9)	119 (70.0)	502 (65.7)	54 (67.5)	761 (62.7)	289 (52.5)	623 (66.6)	698 (64.9)	408 (54.1)	80 (32.3)	145 (49.7)	4969 (58.4)
노동자		125 (6.5)	1 (1.0)	3 (0.7)	1 (0.6)	20 (2.6)	2 (2.5)	47 (3.9)	13 (2.4)	12 (1.3)	59 (5.5)	25 (3.3)	12 (4.8)	8 (2.7)	328 (3.9)
지식인·청년·학생	교사 학생	416	4	31	24	83	4	134	80	51	149	87	93	70	1226 (14.4)
	종교인	103	1	3	0	11	0	26	24	19	32	43	2	3	267 (3.1)
	기타공무자 유업자	57	1	12	8	21	3	30	20	40	23	40	12	16	283 (3.3)
	계	576 (30.1)	6 (5.7)	46 (11.2)	32 (18.8)	115 (15.1)	7 (8.8)	190 (15.9)	124 (22.0)	110 (11.8)	204 (19.0)	170 (22.5)	107 (43.1)	89 (30.5)	1776 (20.8)
상공업자	상업종사자	136	11	23	10	86	13	110	49	96	53	76	22	33	718 (8.4)
	기타자영업 종사자	31	2	2	1	9	2	31	27	38	10	8	5	7	173 (2.0)
	공업종사자	98	2	9	3	26	2	19	22	29	36	22	7	8	283 (3.3)
	계	265 (13.9)	15 (14.3)	34 (8.3)	14 (8.2)	121 (15.8)	17 (21.3)	160 (7.6)	98 (17.8)	163 (17.4)	99 (9.2)	106 (14.1)	34 (13.7)	48 (16.4)	1174 (13.8)
무직자		61 (3.2)	2 (1.9)	4 (1.0)	4 (2.4)	6 (0.8)	0 (0.0)	55 (4.5)	27 (4.9)	27 (2.9)	16 (1.5)	45 (6.0)	15 (6.1)	2 (0.7)	264 (3.1)
계		1,911 (22.5)	105 (1.2)	412 (4.8)	170 (2.0)	764 (9.0)	80 (0.9)	1213 (14.3)	551 (6.5)	935 (11.0)	1076 (12.6)	754 (8.9)	248 (2.9)	292 (3.4)	8,510 (100.0)

*近藤釰一, 『萬歲騷擾事件』 1, 1964, 223~227쪽.

* ( ) 안의 숫자는 퍼센트를 나타냄.

　국내에서 3·1운동이 발생하자 만주, 연해주, 미국 등 국외 동포사회에서도 이에 동조하는 시위운동이 전개되었다. 서북간도의 조선인들은 무장시위를 통해 일제가 조선을 강제 병합한 사실을 입증하고 파리강화회의에서 독립을 승인받고자 하였다. 이 지역의 조선인들은 무장대를 편성하여 국내 일부지역을 점령, 한국공화가정부(韓國共和假政府)를 수립하려는 의도로 독립군 편성을 추진하였다.

4. 3·1운동의 역사적 지향

3·1운동은 총독부의 공식집계에 의해서만도 약 200만 명의 참여와 7,500여 명의 피살, 16,000명의 부상, 46,000명의 검거라는 엄청난 희생을 치른 일제하 민족해방운동사의 가장 대표적인 전 민족적인 항일투쟁이었다. 또한 이 운동은 우리 나라 근대 민족해방운동사에서 거대한 분수령을 이루는 운동으로서 의의가 크다. 3·1운동은 19세기 말 이래 전개되었던 두 가지 흐름의 변혁운동, 즉 개화파운동－독립협회－자강운동과, 민란－농민전쟁－의병전쟁이라는 두 계열의 운동이 근대 공화주의와 민족자결의 원칙 아래 전 민족적 항일투쟁으로 수렴된 것이었다. 3·1운동의 결과 국내적으로는 일제의 폭압적 무단통치가 종식됨으로써 운동이 조직적으로 전개될 수 있는 여건이 만들어졌다. 이 운동은 또한 제1차 세계대전 이후 전승국의 식민지에서 일어난 최초의 대규모 반제민족운동으로서 중국 등 아시아 피압박민족의 해방운동에 영향을 미쳤다.

3·1운동은 사상적·조직적·투쟁적으로 많은 한계를 드러내었지만 운동의 전개과정을 통해 이후 민족해방운동의 발전에 밑거름이 되는 큰 교훈을 남겼다. 3·1운동은 민중 속으로 확산되면서 운동의 주체로서 민중에 대한 인식이 고조되었고 민중의 민족적·계급적 각성도 촉진되었다. 나아가 민중의 투쟁력을 조직화하려는 움직임이 실현되어 3·1운동 이후 전국 각지에서 청년회·노동조합·소작인조합 등 대중운동이 활발히 전개되기 시작하였다.

또한 지속적인 독립운동과 그 운동의 통일적 지도가 필요하다는 주장이 공감되어 상해에 임시정부가 수립되었다는 것도 이 운동이 가지는 중요한 역사적 의의 가운데 하나이다. '지속적인 독립운동', '전체 운동의 통일적 영도', '외교활동의 원활한 수행' 등을 목표로 하여 수립된 임시정부는 부르주아적 민주공화제의 전면적 보급의 결과로 수립된 최초의 공화제 정부였다는 점, 그리고 이를 통해 분열·침체 상태에 빠져 있었던 여러 갈래의 운동세력들이 일정하게 규합되었다는 점에서 그 의의를 찾을 수 있다.

14장 일제하 민족운동의 분화와 발전

1. 대한민국임시정부

3·1운동을 전후한 시기에 민족해방운동의 총본부로서 임시정부의 필요성이 제기되었다. 지속적인 항일운동의 전개, 전체 운동의 통일적인 영도, 외교활동의 원활한 수행을 위해서는 정부의 수립이 필요하다는 공감대가 이루어졌기 때문이다. 아울러 많은 독립운동가들을 미국의 윌슨 대통령이 제창한 '민족자결주의'에 대해 막연한 기대를 갖고 파리강화회의 등 국제사회와 열강을 상대로 한 외교활동에서도 개인이나 단체의 명의보다는 정부 명의로 활동하는 것이 훨씬 효과적이라는 판단 아래 정부 수립을 적극 추진하였다. 임시정부 수립운동은 러시아령·상해·국내 세 곳에서 추진되었는데, 정부의 위치를 당분간 상해에 두고 한성의 정부수립운동에 정통성을 주기로 협상이 되어 한성정부의 수반 이승만을 대통령으로, 러시아령의 이동휘(李東輝)를 국무총리로 하여 임시정부는 수립되었다(1919. 4. 13). 상해임시정부는 연통제(聯通制)의 실시와 외교활동에 주력하였다. 연통제는 상해에 위치한 임시정부가 국내 및 만주지방과의 연락을 취하기 위하여 만든 연락망이었다. 임시정부의 외교활동의 일차적인 목표는 파리강화회의나 워싱턴회의 등 각종 국제회의로부터 독립을 보장받고 국제연맹에 가입하는 것이었다. 그러나 파리강화회의나 워싱턴회의에서는 임시정부가 기대했던 것과 달리 독립보장은커녕 한국문제에 대해 한 마디 언급도 얻지 못했다.

그 후 임시정부는 중국, 소련, 미국, 영국 등 각국으로부터 개별적 승인을 받는 데 이차적인 목적을 두고 파리위원부, 런던위원부, 구미위원부 등을 설치하였다. 세 위원부 가운데 지속적으로 활동을 한 구미위원부는 외교활동뿐만 아니라 미주지역 동포들로부터 성금과 공채금을 받아 위원회를 유지하였다. 구미위원부는 주로 미국 의회를 통해 한국문제에 대한 관심을 높이기 위한 선전과 로비활동을 하였다. 한편 소련, 중국 정부와의 교섭도 있었다. 소련정부와는 한로공수동맹(韓露攻守同盟)을 체결하고(1920), 소련정부는 임시정부에 40만 루블의 자금을 제공하였다. 이 자금의 일부를 국무총리 이동휘가 자의로 처분했다 하여 말썽이 되기도 하였는데, 나머지는 국민대표회의(1923. 1) 자금으로 사용되었고 일부는 국내로 들어오기도 하였다. 중국과의 관계는 1930년대 들어 성과를 맺었는데, 특히 1932년 윤봉길의 의거를 계기로 장제스(蔣介石)의 국민당 정부의 적극적인 후원을 받았으며, 중일전쟁 발발 후에는 광복군을 양성할 수 있었다.

임시정부는 운동의 방법론에 있어서는 초기에는 외교론에 경도되어 있었으나, 1910년대 만주나 연해주 등지에서 독립운동기지를 건설하고 무력항쟁을 전개하던 계열의 절대독립론, 독립전쟁론을 배제할 수는 없었다. 홍범도·김좌진의 봉오동·청산리 전투의 성과와 만주의 이민온 한국인을 기반으로 한 독립군의 활동은 당시 가장 적극적인 독립운동의 모습이기도 하였다. 그러나 초기의 임시정부는 군사활동에 대한 능동적인 방침을 수립하지 못하여 독립운동 진영 전체를 통괄하는 데에는 많은 한계를 안고 있었다. 이승만의 외교론, 안창호의 준비론, 이동휘의 무장독립론 등의 갈래로 나뉘어졌는데, 1923년 국민대표회의가 개최되고 이동휘가 임시정부를 떠난 후 외교노선이 한층 강화되었다. 그러나 1923년 국민대표회의 실패 이후 약화된 임시정부는 중국 국민당 관내에서 명맥을 유지하며 상황의 변화에 따른 운동방법의 전환을 모색하여, 테러와 무력저항을 시도하게 되었다. 그리하여 일제 말기 광복군을 결성하고 일제와 군사대항을 준비하게까지 되었던 것이다.

임시정부의 수립이 갖는 또 다른 의미는 민족운동의 이념에 있어서 근대적인 국가사상이 자리잡게 되었다는 것이다. 임시정부는 1919년 4월 11일 발표한 대한민국임시헌장에서

제1조 대한민국은 민주공화제로 한다.
제2조 대한민국은 임시정부가 임시의정원의 결의에 의하여 이를
　　　통치한다.
제3조 대한민국 인민은 남녀, 귀천 및 빈부의 계급이 없고 일체 평
　　　등하다.

등의 10개 항을 주장하고 있는데, 여기에서 공화주의적 정체(政體)와 국민의 자유와 평등을 인정하는 근대 국민국가의 이념을 보이고 있다. 이는 이전까지 남아 있던 복벽주의적 근왕사상(復辟主義的 勤王思想)이 독립운동의 이념에서 일단 청산되었음을 의미하였다. 복고적인 근왕사상 대신에 공화주의가 주도적인 이념으로 자리잡아 가면서 형성된 임시정부는 정치이념상의 혼란을 극복하고 형성된 최초의 공화제 정부로서 그 의의가 크다. 이러한 공화주의적 민주주의 이념은 해방 이후 수립할 국가의 정체를 전망하는 방향성을 제시하였기 때문에 이후의 역사 전개에 끼친 정치사상사적인 영향이 자못 크다고 할 수 있다.

2. 실력양성운동

1920년대 일제의 '문화정치' 아래에서 '선실력양성 후독립'을 주장하는 민족주의 계열이 등장하기 시작하였다. 이들은 언론·출판기관이나 각종 연구단체들을 통하여 농민, 노동자, 청년 및 교양, 봉사 단체를 조직하여 계몽활동을 벌이고 민중의 지적 수준을 높여 정치적 각성을 촉구하는 운동이 가장 효과적인 방법이라고 주장하였다.

1920년대 초반 실력양성운동은 '문화운동'으로 나타났는데, 문화운동은 신문화건설론, 정신개조·민족개조론 등을 그 이론적 기초로 하고 있었다. 여기서 신문화건설이란 자본주의 문명건설을 주장하는 것으로, 교육과 산업 발달 및 구습(舊習)의 개량을 의미하였다. 교육과 산업의 진흥 등 실력양성에 주력하여 설사 독립이 오더라도 독립할 수 있는 능력을 갖추자는 논리였다. 정신개조·민족개조론은 이 시기 전래된 문화주의 철학의 영향을 받은 것으로 조선의 신문화건설을 위해 사회를 구성하는 개개인의 인격향상이 선결과제이기 때문에 '내적인 정신개조'의 필요성을 주장하는 논리이다. 1920년대 초 민족개조론은 『동아일보』의 송진우(宋鎭禹), 『개벽』의 이돈화(李敦化), 김기전(金起田), 현상윤(玄相允), 이광수 등에 의해 제창되었는데, 상해임시정부에서 이탈하여 귀국한 이광수(李光洙)는 이러한 이론을 정리하여 『민족개조론(民族改造論)』(1922), 『민족적 경륜(民族的經綸)』(1924)을 발표하였다. 이광수는 민족개조론에서 "조선인은 허위되고 공상과 공론만을 즐겨 나태하고 서로 신의와 충성이 없고 극히 빈궁하고 이런 의미로 보아 이 개조는

물산장려운동
신문사진기사

조선민족의 성격을 현재의 상태에서 반대 방면으로 변화하는 것이다"
라고 주장하였다. 이러한 민족개조론은 우리 민족의 열등성을 강조하
여, 일본민족과의 동화, 나아가 독립 불가능론으로 전락할 소지를 안고
있었다.

 실력양성운동은 언론·출판을 통한 문화운동, 물산장려운동, 민립대
학설립운동, 사회단체를 통한 계몽운동으로 전개되었다. 이러한 운동은
신교육의 보급과 민족자본의 육성, 그리고 전근대적인 의식과 관습의
탈피를 통해 문화적 경제적 실력을 갖춘 서구 근대자본주의 문화를 수
립하는 것을 지향하였다. 이것들은 한국 사회의 근대화만을 추구할 경
우에는 상당한 의미를 지니는 내용들이었다. 그러나 이 운동이 식민지
배 하에서의 운동이었다는 점을 전제할 경우, 민족해방·독립의 과제를
전면에 내세우는 데에는 많은 한계가 있었다. 우선 언론·출판, 기업운
영, 교육제도 등의 영역은 조선총독부의 허가와 관리 하에서 운영되고
있었는데 총독부 당국의 방침을 어기면서 한국의 독립을 위한 운동을
전면에 내세우는 것은 거의 불가능하였다. 이러한 점 때문에 실력양성
운동은 신채호(申采浩)가 지적하였듯이 "식민지 지배 하에서 '신문화건
설'이라는 것은 일제 지배자들에 의해 한계가 뚜렷하게 주어져 있거나,
아니면 그들에 의해 왜곡된 방향으로 진행될 수밖에 없는 것"이었다.
'선실력양성 후독립'이라는 이론에 입각하여 근대화라는 신문화건설만

을 민족운동의 일차적 과제로 삼을 때, 민족운동·독립운동은 탈정치화하여 체제내적인 운동으로 전락할 소지가 컸다. 1920년대 후반 실력양성운동을 주장했던 사람들이 '독립'의 주장을 철회하고 '자치'를 내세운 것은 그러한 성향의 귀결이었다. 자치운동은 1925년 말~1930년대 초까지 조선총독부와 일부 일본인 자치론자들의 지원을 받으며 지속되었다.

3. 사회주의운동

3·1운동이 실패로 끝난 직후 민족해방을 위한 새로운 이론으로서 사회주의사상이 유입되었다. 1917년 러시아 볼셰비키혁명의 성공, 민족자결주의의 허구성 확인, 민족주의운동의 한계와 변절, 1920년대 이후 소작쟁의·노동쟁의 등 대중운동의 고양 등은 사회주의사상이 쉽사리 보급될 수 있는 환경을 만들었다.

초기 사회주의운동은 일본 유학생을 통해서 사회주의사상이 유입되어 사회주의 단체가 조직됨으로써 시작되었다. 초기 결성된 사회주의 단체로 중요한 것은 북성회, 신사상연구회이다. 북성회는 1923년 1월 15일 도쿄에서 김약수(金若水) 등 60여 명이 모여서 조직된 단체로 한국 내에서 사회주의사상을 선전하는 데 주력하였다. 북성회는 1925년 1월에 일월회(日月會)로 명칭을 바꾸고 안광천(安光泉), 이여성(李如星), 하필원(河弼源), 최익한(崔益翰) 등으로 회원들도 바뀌었다. 1923년 7월 7일 서울에서 홍명희(洪命憙) 등이 결성한 신사상연구회는 1924년 화요회(火曜會)로 명칭을 바꾸어 활동하였는데, 주요 멤버로는 김재봉(金在鳳), 조동우(趙東祐), 조봉암(曺奉岩), 김단야(金丹冶), 박헌영(朴憲永), 권오설(權五卨) 등이 있다.

사회주의 운동가들은 대중운동, 사회운동 단체와 연계되면서 활동기반을 넓혀 나가고자 하였다. 1924년 4월 서울에서 조선노농총동맹과 조선청년총동맹이 결성되었으며, 이와 같은 대중단체와 사회주의적 여러 단체들을 기반으로 하여 1925년 4월에 조선공산당과 고려공산청년동맹이 결성됨으로써 한국에서의 사회주의운동은 새로운 단계에 접어들게 되었다. 당시 국제 공산주의운동은 모스크바에 있는 코민테른(COMINTERN : 제3인터내셔날)의 지도 하에 있었기 때문에 각국 공산당은 코민테른의 지부로 승인을 받아야 하였다. 조선공산당도 대표를 모스크바로 보내 1926년 4월 코민테른으로부터 정식 승인을 받았다.

그러나 사회주의운동은 일제 하에서 불법적인 운동이었다. 반(反)자본주의, 반(反)제국주의를 기초로 한 사회주의 이념은 제국주의 일본의 체제를 전면으로 부정하는 것이었기 때문에 일제는 1925년「치안유지법」을 제정하여 한국의 사회주의운동을 탄압하였다. 1925년 11월 신의주에서 비밀문서가 적발된 것을 계기로 조선공산당원 100여 명이 구속 기소된 것을 시작으로, 1928년까지 4차례의 대량 검거가 있었다. 이런 정황에서 1928년 말경부터 코민테른 등 국제 공산주의운동 조직들에서는 한국의 공산주의운동에 대한 새로운 방침들이 제시되었다. 그 중 국내의 공산주의자들에게 큰 영향을 미친 것은 1928년 12월에 나온 코민테른의「조선의 농민 및 노동자의 임무에 관한 테제」(12월 테제)였다. 이 테제는 공산주의운동에 있어서 분파투쟁을 중지하고 지금까지 지식인에 중점을 두었던 공산주의운동을 노동자·농민에 기반을 두고 공산당을 재건하는 것을 내용으로 하고 있었다. 이후 12월 테제에 의거한 당재건 움직임이 계속되었으나 일제의 탄압으로 모두 무산되고, 만주나 일본에서의 활동도 1930년 3월 코민테른의 '일국일당주의 원칙'에 의해 중국공산당과 일본공산당에 통합되어 버렸다.

한국의 사회주의운동은 이념의 기본 원칙대로 노동자·농민이 중심이 되기보다는 지식인들의 운동이 주류를 형성하였고, 내부적으로도 분파문제가 극심하였다. 이러한 점 때문에 일제의 탄압이 아니더라도 내부적으로 활동을 집중시키는 데 문제를 안고 있었다. 또한 식민지라는 특수한 사정 하에서 민족문제와 계급문제를 어떻게 통합시켜 나가는가 하는 이론적인 문제도 있었다. 결국 이 문제를 독자적으로 풀어나가지 못한 채 끊임없이 외부에 의존함으로써 내부의 분열 및 활동력을 저지 당하는 사태를 초래하였다. 국외 공산주의자들이 일방적인 일국일당주의 원칙에 의해 해체당한 것은 그 단적인 예이다. 그러나 일제하 사회주의운동은 식민지하 항일운동뿐만 아니라 해방 후에 건설하고자 하는 국가의 성격에 있어서 부르주아·자본주의적인 것과 대비되는 상(像)을 제시하였다는 점에서 해방 이후의 역사와 연계된다. 1945년 해방 이후 극심했던 좌·우의 대립과 분단·냉전이데올로기의 정착은 일제 하부터의 운동노선의 차이에 그 역사적 연원을 두고 있기 때문이다.

4. 민족협동전선운동

1920년대 이후 민족해방의 독립운동 선상에는 실력양성론적인 민족개량주의운동과 사회주의사상, 노동·농민 등 대중운동이 다양하게 전개되었다. 이러한 운동들은 자본주의적이냐 사회주의적이냐, 친일적이냐 반일적이냐 하는 내용들이 교차하는 가운데 이념적으로 민족주의 계열과 사회주의 계열로 대별되고 있었다. 이 양 계열의 운동은 각기 항일독립의 방법이나 독립을 통해 세우고자 하는 국가상(國家像)에 대해 이견을 가진 채 상호 대립하기도 하고 연대하기도 하면서 발전해 갔다.

1927년 2월에 결성된 신간회(新幹會)는 이 양 계열의 운동이 최초로 연대를 보여준 민족연합전선이었다. 실력양성론을 주장하는 민족개량주의운동이 절대독립론에서 한 걸음 물러서 일제에 타협적인 자치운동을 전개하자 이에 반대하는 민족주의자들은 비타협적인 입장을 주장하였다. 이러한 비타협적인 민족주의자들은 사회주의자들과의 연대를 통해 항일운동전선을 공고히 할 필요성을 인식하였다.

신간회는 "1. 우리는 정치적·경제적 각성을 촉구한다. 2. 우리는 단결을 공고히 한다. 3. 우리는 기회주의를 일체 거부한다"라는 강령을 내걸고 창립되었다. 창립대회에서 조선일보계의 이상재(李商在)와 천도교 구파인 권동진(權東鎭)을 각각 회장, 부회장으로 선출하였다. 신간회는 창립 이후 일제의 탄압 때문에 한 번도 전국대회를 가지지 못하였지만, 중앙본부의 간부들이 지방을 순회강연하고 또 지회활동을 통해 노동쟁의·소작쟁의·학생운동을 적극적으로 지원하는 한편, 일제의 식민지배정책에 구체적으로 대항하였다. 이러한 활발한 활동의 결과 신간회는 군 단위의 지방지회 141개소와 회원 4만을 갖는 조직으로 성장해 갔고, 일본의 도쿄와 오사카에도 지회가 조직되었다.

신간회의 비타협적인 운동은 일제의 철저한 탄압을 받게 되었다. 일제는 신간회 본부의 간부들을 체포하고, 또 각 지회에 압력을 가하여 신간회를 해산할 것을 종용하였다. 이와 때를 같이하여 신간회 내부에서도 해산을 촉구하는 움직임이 태동하였다. 신간회를 주도하고 있던 사회주의 진영에서 해체론을 들고 나왔던 것이다. 사회주의 계열의 인사들은 1929년 세계 대공황을 계기로 세계 공산주의운동(코민테른)의 지도노선이 민족주의 진영과 분리하여 투쟁하는 방침으로 바뀌었다는

신간회 기사

이유를 내세워 신간회의 해체를 주장하였다. 이리하여 신간회는 1931년 5월 16일, 일제 경찰의 임석 하에 마지막 총회를 열고 사회주의 진영의 일방적인 결의로 해체되고 말았다.

신간회의 해체는 모처럼 이루었던 독립운동 세력의 좌우합작이 일단 실패로 끝났다는 것을 의미하였다. 그것은 일제의 교묘한 탄압정책에 기인하는 바가 크지만, 한편으로는 소련이 지도하는 세계 공산주의운동의 방침을 맹목적으로 추구하였던 사회주의 진영의 비주체적이고 반민족적인 노선에서 비롯되는 것도 많았다.

신간회의 해체는 당시 민족의 독립운동 역량을 크게 감퇴시켰다. 신간회가 해체됨으로써 민족주의 진영은 말할 것도 없고, 해산을 주장하였던 사회주의 진영의 독립운동조차도 국내에서 발붙일 기반을 상실하였다. 신간회의 해산으로 이익을 보았던 것은 일본제국주의와 그에 의존하여 살아갔던 일부 반민족적 집단이었다. 그러나 신간회가 비록 해산되기는 하였지만 민족해방투쟁이라는 공동의 명제 아래 좌·우 세력이 협동전선을 결성하였던 기본 취지는 1930~40년대의 민족해방운동에 커다란 정신적 자양분으로 작용하였다. 중국과 만주 등지에서 활동하였던 독립운동 세력들은 그 후에도 신간회의 정신에 기초하여 민족협동전선의 구축을 위한 노력을 끊임없이 전개하였던 것이다.

15장 일제 강점기 한국인의 삶

1. 민족을 담보한 친일파

일제의 한국지배를 위한 대리인·안전판 역할을 한 친일파는 일제 식민지배정책의 산물이었다. 1920년대 '문화정치' 하에서 민족분열정책의 결과 식민지 조선 사회 안에서 구조적으로 양산되기 시작한 친일분자는 1930년대 후반 일제의 침략전쟁이 확대되고 파쇼통치가 강화됨에 따라 그 질이나 규모에 있어서 급격하게 확산되었다.

1920년대 활동한 각 부문의 대표적인 친일단체를 간단히 살펴보면, 친일여론을 조성하기 위한 단체로 전국 각 지방 농촌을 무대로 문화정치의 선전과 반일의식의 억압을 목표로 했던 교풍회와, 친일파 민원식이 경무국장 마루야마(丸山鶴吉)의 조종 아래 신일본주의를 내걸고 참정권 청원운동을 전개했던 국민협회 등이 있었다. 대지주와 예속자본가의 친일단체로는 1916년에 결성된 민영기·조진태·한상룡·이완용·백완혁 등의 대정친목회와, 남박·이용태를 대표로 내세우고 박영효가 배후에서 실질적으로 조종하던 경성 유산계급의 친일단체 유민회(維民會)가 있었다. 또한 전국의 유생들을 친일화하기 위한 단체로서 유도진흥회와 대동사문회가 있었으며, 농민들의 소작쟁의를 파괴하기 위해 송병준과 그의 아들 송종헌이 조직한 조선소작인상조회, 재일조선인의 민족운동을 억압하기 위한 폭력단체 상애회 등이 있었다.

그러나 일제가 분리통치(divide and rule) 방법을 보다 효과적으로 하기 위해서 사용한 것은 민족주의 세력의 일부를 포섭하여 친일화하는 것이었다. 이를 위해 일제는 이념적으로 민족개량주의를 유포시켜 독립의식을 말살시키고자 하였으며, 민족운동을 대일 타협의 테두리 안에 묶어두기 위해 '문화운동'·'자치운동'을 유도하였다. 민족주의 세력을 분열시키고자 하는 일제의 이러한 정책은 3·1운동 직후부터 3·1운동에 참여한 명망 있는 인사를 친일세력으로 끌어들일 것이 거론되었다. 총독부는 1921년 5월 이광수를 회유하여 중국에서 귀국시키고, 6월에는 3·1운동으로 복역중이던 최린·최남선을 가출옥시켜 이들로 하여금 언론기관을 통하여 '문화운동'의 추진과 민족개량주의의 선전을 담당하게 하였으며, 박영효를 내세워 은밀하게 민족주의자와 타협하도록 하였다. 이들이 선전한 민족개량주의·문화운동의 골자는 '민족성 개조', '실력양성', '자치'였다. 이것은 한민족의 독립의지를 정면에서 부정하지는 않지만 독립을 먼 장래의 목표로 설정하면서 일제의 지배체제를 인정하는 가운데 그 안에서 한국민의 지위향상을 꾀해야 한다는 주장으로서, 실질적으로는 독립의 포기를 설득하고 청년의 좌경화를 막기 위한 독립 부정의 논리였다.

중일전쟁 이후 독립에 대한 희망이 완전히 상실된 채 적극적인 친일의 행각들이 시작되었다. 그것은 개인의 선택 이전에 정계·관계·실업계·교육계·종교계·언론계·문학예술계 등 전 사회 분야에 걸친 친일구조로서 가동되었다. 중일전쟁 이후 본격적인 친일행위를 한 대표적인 단체 및 인물들을 소개하면 다음과 같다.

국민정신총동원조선연맹은 관·민 일체의 최대의 황민화운동조직으로서 전국에 지역연맹과 그 산하 애국반(愛國班)을 조직하여 총독부 정책에의 협력을 선동하는 데 중심적인 역할을 하였다. 1938년 창립 당시 한국인으로 김성수, 민규식, 김활란, 박흥식, 윤치호, 최린, 한상용, 박영철 등이 이사로 참여하였다. 이 연맹은 1940년 국민총력조선연맹으로 재편되어 총독 미나미(南次郞)를 총재로 하여 조직이 강화되었다. 그리고 문화선전활동을 강화하기 위해 문화부를 독립시켰는데 이 때 선임된 문화위원은 김동환, 김두헌, 백철, 박영희, 유진오, 이능화, 이서구, 홍난파 등이며 여성부 위원으로 송금선, 이숙종이 선임되었다. 1939년 10월에 결성된 조선문인협회(회장 이광수)와 그 후신인 조선문인보국회(1943. 4)는 국민총력운동에 발맞추어 시국강연회, 전쟁문학의 밤, 황민문학건설 등의 활동을 하였다. 이들은 일제의 대동아전쟁의 정당성과 일본군의 필승을 소리 높여 외쳐댔고 일제가 승리하는 것이 마치 한국인의 행복과 직접 관련이 있는 것처럼 선전했으며, 마침내는 한국 청년들에게 침략전쟁의 총알받이로 나갈 것을 강요하였다.

해방 이후 미군정기와 정부수립 초기에 친일파는 처리되지 않았다.

친일파의 문제는 개인의 처벌 차원이 아니라 식민지로부터 해방된 나라가 새로운 국가를 건설하는 데 선결조건인 식민잔재 청산의 문제와 직결되는 것이다. 일제와 야합하여 자신과 민족의 혼까지 팔아먹은 인사들이 아무런 반성과 청산 없이 해방된 국가의 지도자가 될 수는 없는 것이기 때문이다. 1948년 제헌국회에서 '반민족행위처벌법'을 제정하고 이에 근거하여 '반민족행위처벌특별위원회'(반민특위)를 구성하여 친일파 처리문제를 담당하였으나 반민특위는 채 1년도 못 가 와해되었다. 이리하여 친일파 청산문제는 단 한 명의 처벌자도 없이 공식적으로 막을 내렸다. 이는 프랑스가 2차 대전 이후 1941~44년까지 나치독일 통치 4년 동안의 반민족행위자 150~200만 명을 색출하여 공민권 박탈 등의 형사처벌을 함으로써 과거의 잘못된 역사를 청산하고자 했던 것과 대비되는 부분이다. 해방 이후 한국 사회에는 과거에 대한 반성과 청산 없이 친일파들이 다시 사회지도자로 등장함으로써 나라와 민족에게 아무런 책임을 지지 않는 무책임한 지도자들이 되풀이해서 복제되는 결과를 낳게 되었다.

2. 강제징용과 정신대

친일파들이 일본과 야합하여 자신의 영달을 위한 달콤한 꿀맛에 젖어 있을 때 다른 한편에서 대다수의 한국인은 그들의 달콤한 꿀맛의 대가를 치르고 있었다. 일제가 침략전쟁을 본격화하는 시기에 전쟁의 총알받이로서, 부족한 전쟁인력으로서 한국인들은 이국 땅에 강제로 동원되었다. 일본은 만주사변 때부터 전쟁인력의 부족을 느껴 장차 조선인에 대해 징집제를 실시할 것을 구상하였다. 이러한 구상은 중일전쟁으로 전쟁이 확대된 이후 「육군특별지원병령」(1938. 2)으로 실행되었다. 지원병령에 따라 약 18,000 가량의 청년들이 일본군에 '지원'했다. 지원병제도의 실시를 쌍수를 들어 환영한 이른바 '지도계급 인사'들은 막상 지원해야 할 단계에 가서 남을 권하고 제 자식은 모면하게 함으로써 지원병은 소작농민의 아들들이 대부분이었다. 이러한 지원병제는 1944년 태평양전쟁이 막바지에 다다르자 마침내 징병제로 바뀌어 패전할 때까지 약 20만 명이 징집되었다.

침략전쟁 시기 일본이 한국인의 희생을 대량으로 강요한 또 다른 경

<표> 한국인 징용노동자의 강제연행 통계

연도	구분	국민동원 계획 수	연 행 자 수				
			석탄광산	금속광산	토건	공장기타	계
1939	일본내	85,000	32,000	5,597	12,141		49,819
	사할린		2,578	190	533		3,301
	계	85,000	34,659	5,787	12,674		53,120
1940	일본내	88,800	36,865	9,081	7,955	2,078	55,979
	사할린	8,500	1,311		1,294		2,695
	남 양					814	814
	계	97,300	38,176	9,081	9,249	2,892	53,398
1941	일본내	81,000	39,019	9,416	10,314	5,117	63,866
	사할린	1,200	800		651		1,451
	남 양	17,800				1,781	1,781
	계	100,000	39,819	9,416	10,965	6,898	67,098
1942	일본내	120,000	74,098	7,632	16,959	13,124	111,823
	사할린	6,500	3,985		1,960		5,945
	남 양	3,500				2,083	2,083
	계	130,000	78,083	7,632	18,929	15,207	119,851
1943	일본내	120,000	66,535	13,763	30,639	13,353	124,290
	사할린	3,300	1,835		976		2,811
	남 양	1,700				1,253	1,253
	계	125,000	68,370	13,763	31,615	14,606	128,354
1944		290,000	82,859	21,442	34,376	157,795	286,432
1945		50,000	797	229	836	8,760	10,622
계		907,300	342,620	67,350	108,644	206,073	724,787

출전 : 이종범·최원규 편, 『자료한국근현대사입문』, 혜안, 1995, 333쪽.

우는 모집·징용·보국대(保國隊)·근로동원·정신대(挺身隊) 등을 통한 노동력의 강제수탈이었다. 일본은 농촌의 값싼 노동력을 '모집'이라는 형식으로 일본의 토목공사장이나 광산에 집단동원하였다. 그러나 중일전쟁 이후에는 「국가총동원법」을 공포하고 이어 「국민징용령(國民徵用令 : 1939)」을 실시하여 많은 한국인들을 침략전쟁 수행을 위해 전쟁터로 끌고 갔다. 이에 약 7백만 명의 한국인이 전쟁노동력으로 동원되었고 50만 명의 한국인 청년들이 전투인력으로 동원되었다. 강제 징용된 한국인 노동자들은 일본, 사할린, 남양 지역의 광산, 토건공사, 군수공장 등으로 보내져 많은 사상자를 내었다.

또한 「여자정신근로령(女子挺身勤勞令 : 1944)」을 만들어 12세에서 40세까지의 여자 수십만을 강제로 동원하였다. 이들은 일본과 한국 내의 군수공장에서 일하는 경우도 있었지만, 그 상당한 인원을 중국과 남

위안부로 희생된
한국여성들

양지역의 전쟁지구로 보내 군인 상대의 위안부가 되게 하는 만행을 저질렀다. 위안부는 철저히 폭력에 의한 강제동원을 통해 이루어졌고 그 수는 적게는 8만, 많게는 20만으로 추정된다.

전쟁의 역사는 인류의 역사만큼이나 길지만 이른바 '종군위안부(從軍慰安婦)'를 데리고 다니면서 전쟁을 치른 군대는 동서고금을 막론하고 일본군대밖에 없었다. '종군위안부'의 대명사가 된 여자정신대는 전쟁을 통한 병사들의 사기 증진을 위해 매춘부의 파견을 당연시하는 일본의 성문화가 식민지배를 빌미로 하여 발생시킨 비인륜적인 범죄행위였다.

일제하에서 식민지 강점하에서 대다수의 한국인이 겪었을 강제동원의 뼈아픈 상처는 당사자들을 위해서나 한·일 간의 정상적인 관계 개선을 위해서 사실에 입각한 역사적 판결과 치유를 해 나가야 할 과제들이다. 다음 자료는 만주의 위안소로 끌려가 강제로 위안부 생활을 한 문옥주 씨의 증언이다. 강제로 끌려가 위안부로서 처참한 삶을 살게 된 한 인간의 비극을 증언하고 있다.

1940년에 나는 만 열여섯 살이 되었다. 그 해 늦가을쯤의 어느 날 나는 하루코네의 집에 가서 놀고 있었다. 해가 뉘엿뉘엿 저물어 가자 나는 하루코네 집을 나서 우리 집으로 향했다. 얼마 걷지 않아서였다. 일본군복을 입고 기다란 칼을 차고 왼쪽 어깨에 빨간 완장을 한 남자가 내게 다가왔다. 그는 갑자기 내 팔을 끌며 일본말로 무어라고 하였다. 당시는 순사라는 말만 들어도 무서워하던 때라 나는 아무 말도 못하고 그가 끄는 대로 끌려갔다.……

우리는 당시 중국 동북부 도안성(逃安城)이라는 곳에 내렸다. 여기에서 같이 온 남자는 우리를 군용트럭이 있는 데로 데려다 주고는 돌아갔다. 트럭에는 군복을 입은 남자가 세 명 있었다. 군인들은 모두 운전대 앞에 앉았고 우리 둘은 뒤에 타고 갔다.

트럭을 타고 한참 갔다. 트럭은 마을과 허허벌판을 지나 외딴집 앞에 와서 멈추었다. 우리가 내리자 많은 여자들이 나와서 우리를 맞아 주었다. 모두 조선인 여자들이었다. 그 중에는 서른 대여섯 먹은 남자와 여자가 있었는데, 나중에 안 사실이지만 이들이 여자들을 관리하는 사람들로 우리는 이들을 언니, 아저씨라고 불렀다.

먼저 온 여자들은 20명 가량 됐다. 나는 '왜 이런 곳에 여자들이 많을까?' 하고 궁금해하면서도 피곤하여 그 날은 별 생각 없이 잤다. 다음날 나는 여자들에게 "이 곳이 뭐하는 데냐?"고 물었다. 그러자 누가 "너희들은 돈 받고 안 왔냐?"고 물었다. 내가 "그런 게 아니고 붙들려 왔다"고 했더니 그 여자는 "여기는 위안소로 군인들을 받는다"라고 했다. 내가 "군인들 받는 데면 받는 데지 우리와 무슨 상관 있냐?"라고 했더니 그 여자는 아주 답답해하면서 "군인들이 자는 곳이다"라고 했다. 그 여자들의 설명이나 안타까워하는 모습을 보고도 나는 군인들이 자면 잤지 그것이 나와 무슨 관계가 있는 것인지 이해할 수 없었다.

이 곳에 온 지 사흘이 지나자 주인은 나와 일행에게 각각 방 하나씩을 주었다. 거기에는 이불 하나, 요 하나, 그리고 베개 둘이 있었다. 이 날부터 우리는 군인들을 받아야 했는데 이 때서야 비로소 우리는 여자들이 왜 그토록 안타까워했는지 알게 되었다. 나는 이 날 처음 정조를 빼앗겼다. 눈앞이 캄캄하고 기가 차서 까무라치고 울었다.…… (한국정신대문제대책협의회 정신대연구회 편, 『강제로 끌려간 조선인 군위안부들』, 1993, 151~153쪽)

16장 분단체제의 형성과정

1. 해방과 분할점령

1945년의 해방은 일제 식민지 하에서 계속된 민족해방운동의 성과이자, 강대국 사이의 대립으로 인해 일어난 제2차 세계대전의 소산이었다. 식민지시기 전체를 통해 민족해방운동은 부단히 계속되었고 많은 희생이 치러졌다. 그러나 그것이 민족해방의 일차적이고 직접적인 원인이 되지는 못하였다. 태평양전쟁 말기 각 전선에서 민족해방운동의 군사력이 연합국의 군사력과 분산적으로 공동작전을 폈으나, 불행하게도 어느 쪽에서도 그 군사력이 국내로 진격하여 직접 일본군의 항복을 받거나 무장 해제할 단계에는 이르지 못하였다. 결국 해방은 파시즘(Fascism) 세력에 대항하여 공동전선을 편 미·소 양 강대국의 힘에 의해 이루어질 수밖에 없었다. 따라서 8·15해방은 자주독립국가 건설로 직결되지 못하고, 양 강대국에 의한 남북의 분단과 군사적 점령을 수반하는 불완전한 것이 되고 말았다.

카이로선언(1943. 12) 이후 얄타회담(1945. 2), 포츠담선언(1945. 7)에 이르기까지 연합국은 한국의 독립을 거듭 확인하였지만, 그것이 즉각적인 독립을 의미하는 것은 아니었다. 제2차 세계대전은 표면적으로는 파시즘 진영과 반파시즘 진영 사이의 전쟁이었으나 그 속에는 자본주의와 사회주의의 대립, 제국주의와 식민지 약소민족의 대립도 작용하고 있었다. 전쟁이 끝남에 따라 파시즘과 반파시즘 진영의 대립은 해소되었으나 자본주의와 사회주의, 제국주의와 식민지 진영의 대립은 표면화하였다. 그에 따라 우리 나라를 둘러싼 국제관계도 변화되었다.

얄타회담의 결과에 따라 일본과의 전쟁에 참가한 소련은 만주를 공격하는 한편 조선의 웅기를 점령하고(1945. 8. 11.) 그 이튿날 나진과 청진에 상륙하여 계속 남진하였다. 반면 미국군은 아직 오키나와에 진주하여 한반도에 상륙하기에는 상당한 시일이 필요했다. 당시 미국은 한반도의 일부라도 직접 점령하려고 소련에게 북위 38도선을 잠정적인 군사분계선으로 할 것을 제의하였다. 소련이 이를 받아들임으로써 미·소군이 남북한에 진주하게 되었다. 자본주의 진영의 맹주인 미국과 사회주의 강대국인 소련의 군대가 진주함에 따라 한반도는 자본주의와 사회주의, 강대국과 민족운동 진영 사이의 격전장이 될 위기에 처하였다.

1945년 9월 8일 미군이 인천에 상륙하였다. 9월 9일 그 진주군 사령관 하지(Hodge)와 조선총독 아베(阿部信行) 사이에 항복 조인이 체결되어 36년간에 걸친 일본의 조선에 대한 식민지배는 끝났다. 그러나 진주한 미국군은 당시 중경(重慶)에 있던 대한민국임시정부와 국내 건국준비위원회를 중심으로 선포된 조선인민공화국 어느 쪽도 주권기관으로 인정하지 않았다. 태평양방면 미육군총사령부의 명의로 "북위 38도선 이남의 조선영토와 조선인민에 대한 통치의 전체 권한은 당분간 본관의 권한 하에 시행된다"고 포고령 1호를 발표하고 군정청을 설치하여 군정을 실시하였다.

미국은 자본주의국가 건설을 지향하는 정치세력을 지원·육성함으로써 이들을 통해 한반도에서 자신의 이해를 실현하려 하였다. 그리고 일본이 만들어 놓은 거대한 식민지 통치기구가 남한의 효율적인 지배를 위해 매우 적합하다는 판단 하에, 과거 식민통치기구를 가능한 한 그대로 유지하고자 하였다. 이에 따라 대체로 친일경력이 있는 자본가·지주 출신의 인사들이 군정의 행정고문이나 고위관료로 임명되었고, 일제시기의 관료·경찰기구가 부활되었다. 이들은 자신의 기득권을 지키기 위해 미군정에 적극적으로 협력했으며, 미국은 이들을 공산주의에 대한 방파제로 이용하였다.

한편 소련의 북한점령정책은 미국에 비해 소극적이었다. 군정청을 설치하여 직접 통치하는 대신에, 행정권을 각 도마다 결성된 인민위원회에 넘겨주고 민정부를 설치하여 영향력을 행사하였다. 그렇지만 소련 역시 한반도에 우호적인 정부가 수립되기를 바랐다. 따라서 5도 행정국에는 소련의 전문가들이 고문으로 있었으며 각 지방에는 위수사령부가 설치되었다.

결국 미·소의 한반도 분할점령으로 인해 해방 직후의 상황은 민족분단의 위험이 가장 높아져 갔다. 반도라는 지정학적인 위치를 이점으로 살린 국제정치상의 완충지대 내지 중립지대로서의 통일민족국가 수립을 위한 민족적 지혜가 어느 때보다 절실히 요청되는 시기이기도 하였다. 그러나 1945년 모스크바 삼상회담 이후 신탁통치안을 둘러싼 좌우익의 대립과 외세에 영합하여 분단정권을 세우려는 세력들은 민족분단의 내적 원인을 제공하였다.

2. 모스크바 삼상회담 결정과 분단정부 수립

미국·영국·소련 삼국의 외상들은 1945년 12월 모스크바에 모여 한반도에 대한 향후 방침을 결정하였다. 그 결정의 주요내용은 미·소 양군 사령부의 대표자들로 공동위원회를 설립하고, 공동위원회와 한국의 민주적 정당·사회단체들이 협의하여 임시민주정부를 수립한 후, 최고 5년간 미국·영국·소련·중국 등 4개국 신탁통치를 실시한다는 것이었다.

제2차 세계대전이 끝난 후의 한반도지역을 일본의 지배로부터 분리하여 독립시키되 일정 기간 신탁통치(international trusteeship)를 해야 한다는 주장은 1942년부터 미국에서 나오기 시작하였다. 카이로선언에서도 한반도 지역이 즉각 독립되는 것이 아니라 '일정한 절차를 밟아서 (in due course)' 독립될 것이라는 유보가 있었다. 이 유보에 대해 미국 대통령 루즈벨트(F. D. Roosevelt)는 20~30년간의 신탁통치가 필요하다고 했고, 소련 수상 스탈린(I. V. Stalin)은 그 기간이 짧으면 짧을수록 좋다는 묵시적 동의를 표시하였다. 그 후 신탁통치안은 1945년 2월 8일 얄타회담에서 스탈린에 의해 비공식적으로 승인되었으며 동년 12월의 모스크바 삼상회담에서 공식적으로 발표되었던 것이다. 이 결정안은 5년간의 신탁통치 실시를 강조하는 미국의 입장과 임시민주정부 수립에 강조점을 둔 소련의 입장이 미묘하게 결합된 것이었다.

이 결정은 신탁통치 5년 후 친미·친소 및 중립적 정부가 수립될 가능성이 모두 열려 있는 조건 아래에서 미·소 양국이 각각 한반도에서 자국의 영향권에 드는 정부를 수립하기 위해 시간적 여유를 얻으려 한 타협의 산물이었다. 그럼에도 불구하고 신탁통치는 일본의 식민지였던 한반도지역을 독립시키기 위한 수단이요 과정이었지 신탁통치 자체에

목적이 있는 것은 아니었다. 그러나 그것이 국내에 전해지면서 독립보장과 임시민주정부 수립에 대한 내용은 생략된 채, 신탁통치문제만 부각되었다.

삼상회담 결정이 국내에 전해지자 처음에는 좌우의 정치세력이 모두 반대하였으나 조선공산당을 중심으로 하는 좌익진영은 곧 찬탁노선으로 바뀌었다. 중경에서 귀국한 대한민국임시정부의 여당 격이었던 한국독립당과 국내 지주세력을 바탕으로 결성된 한국민주당 등을 중심으로 하는 우익진영은 반탁운동을 통해 정치적 세력을 확대하고 진영의 결속을 강화하려 했다. 한편 미군정은 반탁운동을 이용하여 앞으로 있을 미소공동위원회(American-Soviet Joint Commission)에 대비한 정치적 기반을 마련할 목적으로, 1946년 2월 1일 반탁운동을 주도하던 김구(金九) 중심의 비상정치회의를 이승만의 독립촉성중앙협의회와 합작시켜 비상국민회의를 조직하였다. 그리고 비상국민회의에서 선출한 최고 정무위원회를 남조선민주위원으로 개편하고 자문기구로 삼았다. 한편 조선공산당과 인민당, 조선민족혁명당, 천도교청우당 등과 삼상결정안을 지지하는 각종 사회단체는 미소공동위원회에 대비하여 민주주의민족전선(민전)을 결성하였다.

1946년 3월 26일 제1차 미소공동위원회가 서울에서 열렸다. 그러나 미국과 소련은 임시민주정부 수립을 위해 함께 협의할 정당·사회단체를 선정하는 과정에서부터 팽팽하게 대립하였다. 소련은 모스크바 삼상회담 결정을 반대하는 단체와 친일파는 협의대상에서 제외해야 한다고 주장하였지만 미국은 이에 반대하였다. 결국 제1차 미소공동위원회는 5월에 이르러 결렬되고 말았다.

제1차 미소공동위원회가 결렬된 후 이승만은 이른바 정읍발언(1946. 6. 3)을 통해 "남쪽만이라도 임시정부나 혹은 위원회와 같은 것을 조직하여 38선 이북에서 소련이 철퇴하도록 세계 공론에 호소하여야 할 것이다" 하여 남한 단독정부 수립을 제기했고, 한국민주당을 비롯한 극우세력의 지지를 받았다. 그 후 12월에 이승만은 미국에 가서 조선문제의 UN 토의와 미국의 조선정부 수립 원조를 요청하는 외교활동을 벌였다.

1947년 5월 21일 제2차 미소공동위원회가 개최되었다. 서울과 평양을 왕래하며 어느 정도 진전을 보이는 듯했으나 소련측이 공동위원회 참석을 위해 등록한 남한측 425개 단체를 118개로 줄일 것을 요구하여 다시 난관에 부딪쳤다. 미국은 정체상태에 빠진 공동위원회를 진전시키기 위한 방안으로 미·영·소·중 4개국 회의를 요구하면서 보통선거에 의한 남북 각각의 입법기관 설치를 제의하였다. 소련측은 미소공동위원회가 임시정부 수립문제를 4개국 회의로 가져가는 것은 부당하며 임시입법회의를 구성하는 일은 남북의 분열을 조장하는 일이라 하여 거부하였다. 이렇게 되자 미국은 소련의 반대를 무릅쓰고 한반도문제를 UN에 이관함으로써 결국 제2차 미소공동위원회도 결렬되고 말았다(1947. 10. 21). 1947년 3월 트루만 독트린(Truman Doctrine) 발표를 전후로 표면화된 미·소 간의 갈등은 냉전시대의 서막을 열었고, 이러한 국제정치의 변화 물결은 한반도의 분단정부 수립을 예고하였다.

미국은 1947년 9월 17일 한국문제를 UN에 이관하였고, 11월 5일 UN 총회에서는 한국임시위원단의 감시 하에 인구비례에 의한 남북총선거를 실시할 것을 결의하였다. 1948년 1월 23일 북한 당국이 한국임시위원단의 북한 방문을 거부하자 미국은 남한만의 선거 실시안을 UN에 제출하였고 이 역시 2월 26일 UN 소총회에서 통과되었다. 남한 단독선거는 제주도를 제외하고 1948년 5월 10일 실시되었다. 많은 정치세력이 선거에 참여하지 않은 가운데 소집된 제헌국회는 헌법 기초작업에 들어가 대통령중심제 헌법을 제정하였다. 제헌국회는 이승만을 초대 대통령으로 선출하였고, 8월 15일 대한민국정부가 수립되었다.

남한에서 단독정부가 수립되면서 북한에서도 독자적인 정권수립이 추진되었다. 1948년 8월 25일 북한의 각 시군에서는 최고인민회의 대의원 선거를 실시하였고, 남한에서는 비밀선거를 추진하였다. 그 결과 572명의 대의원으로 구성된 최고 인민회의 제1차 회의가 9월 2일 평양에서 열렸고, 9월 9일 김일성을 수상으로 하는 조선민주주의인민공화국이 수립되었다.

3. 한국전쟁

한반도에 서로 다른 정권이 들어선 지 채 2년이 못 되어 한국전쟁이 일어났다. 남과 북은 각기 자기 체제에 걸맞는 통일국가를 수립하려고 하였다. 김일성은 1950년 1월 신년사에서 인민군은 전쟁준비가 다 되어 있고 적을 분쇄할 수 있는 마음의 준비가 되어 있다고 했다. 이승만은

자유를 찾아 남으로… 부서진 대동강 철교

1950년 6월 14일 올리버(Oliver) 고문관에게 우리들은 김일성 일당을 내쫓고 두만강·압록강을 방위선으로 삼아야 한다고 했다. 한국전쟁이 발발하기 1년 전부터 38선에는 남북 간의 지속적인 무력충돌이 발생하여 호전적인 분위기가 조성되었고, 남과 북의 갈등은 악화되어 갔다.

미국은 일본을 군사적·경제적으로 강화시킴으로써 한반도에서 후퇴를 만회하려 하였고, 한반도를 미방위선에서 제외시킨다는 애치슨(Acheson) 선언이 공식적으로 표명되기도 하였다. 소련은 한반도의 일부지역에서 자신에게 우호적인 정권을 수립함으로써 일차적인 만족을 표시하였으나 북한군의 현대화 등 북한군을 강화시킴으로써 한반도 내의 무력통일의 분위기를 현실화시키는 토대를 마련해 주었다.

1950년 6월 25일 오전 4시 무렵 38선 여러 지역에서 북한의 공세로 전쟁이 시작되었다. 북한인민군은 개전 4일 만에 서울을 점령하였고, 3개월 만에 남한의 거의 전 지역을 장악하였다. 미국은 북한의 무력남침을 비난하면서 UN을 소집하여 UN군의 한국전쟁 참여를 결의하였다. 미국이 중심이 된 UN군이 참전하고, 중공군이 압록강을 건너게 됨으로써 이 전쟁은 국제적으로 확대되었다. 약 3년 동안 500만 명 남짓한 인명피해와 정치·경제·문화의 황폐화를 가져온 지루한 전쟁이 지속되었다.

밀고 밀리는 공방전을 계속하면서 전쟁이 교착상태에 빠졌을 때, 소련이 휴전협정을 제기함으로써 휴전교섭이 시작되었다. 남북한의 좌우 지도자들은 전쟁의 지속을 주장하기도 하였다. 그러나 미국이 '한미상호방위조약 체결, 경제군사원조의 보장 및 미군의 한국주둔 요구'를 수락하면서 1953년 7월 27일 정전협정에 조인하였다.

한국전쟁으로 우리 민족은 수많은 인명과 재산의 손실을 입었을 뿐만 아니라, 남북한 정권은 서로 체제 이데올로기를 강화하는 계기가 되었다. 북한에서는 남로당 계열을 비롯한 경쟁세력이 숙청되고 김일성에게 권력이 집중되었다. 남한에서는 반공이데올로기로 정치적 반대세력을 제거하고 국민의 기본권을 억압하여 이승만정권이 유지되었다. 그리고 대외적으로도 미국·일본·중국 등에 커다란 영향을 끼쳐 군사적 차원뿐만 아니라 정치·경제 영역까지 냉전체제가 뿌리를 내렸다. 또한 한국전쟁은 미·일 안보체제를 성립시켜 병참기지 노릇을 한 일본경제를 부흥시켰고 일본이 다시 무장하는 길을 열어주었다. 이러한 안팎의 상황에서 분단체제는 더욱 고착되었고, 그 후 한국은 거의 반세기 가깝게 지구상의 유일한 분단국가로서 남아 있는 실정이다.

한국전쟁은 우리에게 다시는 전쟁이 있어서는 안 된다는 교훈을 주고 있다. 50여 년 전 에 있었던 '해방'의 감격을 오늘날 평화적인 '통일'로 승화시키려는 노력이 요구될 뿐이다.

17장 한국 현대사의 전개

1. 1960, 70년대의 한국사회

(1) 군사정권의 등장과 경제개발

1960, 70년대는 경제개발과 독재정치로 시대의 역동과 모순이 상충되면서 과도기적인 특징을 여실히 보여준 시대이다. 한국전쟁 이후 1950년대 한국경제를 지탱하고 있던 미국의 무상원조가 1957년을 기점으로 세계경제의 침체와 함께 삭감되자 한국의 경제상황은 급속히 악화되었다. 경기가 하강하고 성장률이 크게 둔화된 반면 물가는 크게 올랐다. 소비재산업의 가동은 거의 중단되었고 GNP 성장률도 1957년 8.7%에서 1960년 2.1%로 떨어졌다. 그 결과 중소기업은 더욱 몰락하고 민중의 생활이 극도로 악화되었다.

한편 이승만정권은 권위주의적인 통치체제를 통해 사회 전 영역을 권력유지의 도구로 활용하였고 그 결과 부패가 만연하였다. 1960년 이승만정권의 3·15부정선거를 도화선으로 발발한 4·19혁명은 해방 이후 누적된 사회모순에 대한 전 국민적인 저항이었다. 부정선거 규탄운동으로 시작된 4·19혁명은 분단 이후 국내 정치·사회적 영역을 질식시키고 있던 암울한 상황을 타개하고 국민의 민주의식에 불을 당김으로써 이후 한국 현대 민주화운동의 효시가 되었다.

그러나 4·19혁명에 의해 나타난 변혁의 요구는 정치권력에 의해 발전되지 못하고 1961년 5월 16일 박정희(朴正熙)를 중심으로 한 소장 군부세력들에 의한 쿠데타로 변질되어 갔다. 5·16군사쿠데타로 권력을 장악한 군인들은 우선 군사혁명위원회를 설치하여 입법, 사법, 행정의 전권을 장악하고 비상계엄을 선포하였다. 군사혁명위원회는 이후 '국가재건최고회의'로 명칭을 바꾸고 박정희를 의장으로 추대하였다. 군사정권은 자립경제와 '조국근대화'를 달성한 후 승공통일한다는 '선건설 후

통일론'을 내세우며 경제개발을 가장 중요한 목표로 내걸었다. 군사정권은 우선 경제건설의 추진기구로서 '경제기획원'을 설치하였으며, 1962년 제1차 경제개발 5개년계획을 수립하였다. 이 때 정부가 경제개발을 추진하는 통제력을 장악하고자 이른바 '부정축재처리'를 통해 재벌기업이 보유한 은행주식을 국유화하였고, 은행감독원에 금융기관 임원들의 임명승인권을 부여하여 은행에 대한 통제를 강화하였다. 이러한 조치는 정부 주도의 '개발독재'를 추진할 수 있는 조건을 창출한 것이었다.

  1965년 한일협정은 경제개발을 위한 소요자본으로 일본의 차관이 적극적으로 도입되는 계기를 제공하였다. 한편 일본과의 국교재개 합의 직후인 1965년 5월 박정희는 미국을 방문하여 한일 국교재개에 대한 미국정부의 열렬한 지지를 받는 한편 한국군을 베트남에 파병하기로 최종 타결함으로써 미국의 경제원조도 끌어들이는 데 성공하였다. 당시 미국의 전쟁물자 조달 및 인력지원 등의 전쟁특수(戰爭特需)는 한국의 중요한 외화획득원이자, 한국 경제개발의 중요한 활력소가 되었다. 이후 60, 70년대 한국경제를 '차관경제체제'라고 하는데, 제1차 5개년 경제계획 이후 19년간 연평균 40.7%의 높은 수출신장률과 20%의 외자저축 증가율을 기록하였고, 연평균 8.9%의 높은 경제성장률을 달성하였다. 반면 경제의 대외의존성이 더욱 높아지고 외채가 누적되었으며, 사회계층과 지역 및 산업 사이의 불균등도 더욱 심해지는 취약성을 드러냈다.

(2) 유신체제하의 한국사회

박정희정권의 경제개발 이면에 드리워진 모순은 1972년 10월 17일 단행한 '10월유신'에 집약되었다. 1960년대 말 차관기업의 부실화 증가에 따른 경제개발의 문제점과 독재정치에 대한 반감은 1971년 대통령선거에서 부정선거에도 불구하고 야당후보가 43.6%의 높은 득표율을 보이는 것에 간접적으로 나타났다. 또한 1970년대 초 국제정세 역시 중·소의 대립, 닉슨 독트린 및 미·중 국교수교 등으로 국제적인 냉전(cold war)이 완화되면서 화해분위기가 조성되었다. 국제정세의 변화는 반공안보논리를 정권유지의 강력한 밑받침으로 삼아 온 박정희정권을 궁지에 몰아넣었다.

10월유신은 국내외적인 위기상황을 타개하기 위해 독재정치를 한층 강화한 것이었다. 1972년 10월 17일 비상계엄 선포, 국회해산, 정당 및 정치활동의 금지, 헌법의 일부효력 정지와 비상국무회의에 의한 대행 등을 내용으로 하는 '대통령특별선언'을 발표하고 같은 해 12월 27일 유신헌법을 공포하였다. 유신체제는 국회의 국정감사권 폐지, 노동 3권 제한, 언론통제, 고문수사의 합법화, 사회안전법 제정과 초법률적인 권한을 갖는 대통령의 '긴급조치'로 유지되었다. 긴급조치는 1974년부터 1979년 유신체제 몰락 때까지 9차례 발표되었다. 박정희정권은 긴급조치를 통해 유신체제에 반대하는 모든 행위를 금지시켰고, 이를 어긴 사람들은 영장없이 군사재판에 회부하였다. 이러한 유신체제에 저항하는 반독재민주화운동이 언론사의 언론자유쟁취투쟁(1979), YH사건(1979), 3·1민주선언(1978), 민주주의와 민족통일을 위한 국민회의(1979), 그리고 박정희정권 몰락의 직접적인 계기가 된 부산·마산 항쟁(1979. 10. 15) 등의 운동으로 전개되었다. 부산·마산 항쟁 직후 10월 26일 박정희는 서울 궁정동에서 중앙정보부장 김재규의 총탄을 맞고 사망하였다. 이로써 유신체제는 급격히 붕괴하였다.

유신체제 하에서 박정희정권은 근대화를 위한 국민정신운동을 여러 분야에서 단행하였는데 새마을운동으로 대표되는 생활혁신운동이 그것이다. 새마을운동은 전국을 휩쓸며 정치·경제·문화에 결정적인 영향을 끼쳤다. 장발과 미니스커트 단속, Park's Cup 축구대회, 건전가요 보급 등은 당시 사회의 한 단면을 보여주는 것이었다. 통키타나 TV 보급 등을 통한 대중문화의 새로운 변모 또한 이 시기 특징적인 현상이었다.

2. 1980년대 이후의 한국사회

(1) 신군부의 등장과 정치권의 개편

1979년 10월 26일 박정희 대통령이 피격된 이후 당시 보안사령관 전두환을 중심으로 하는 신군부세력들이 같은 해 12월 12일 항명 쿠데타를 단행하여 군대 내의 실권을 장악하였다. '민주화의 봄' '서울의 봄'으로 불렸던 1980년 초 국민들은 군사독재의 연장을 허용하지 않았고 민주화운동은 5월 들어 절정에 이르러, 5월 15일 학생들을 중심으로 10만여 명의 군중이 민주화를 요구하며 서울역에 모였다.

민주화의 열기가 고조되자 신군부세력들은 5월 17일 '5·17비상계엄확대조치'를 감행하였다. 이 조치를 통해 신군부는 주요 정치인을 체포·구금하는 한편 모든 정치활동을 금지하였다. 그리고 5월 31일 신군부는 입법·사법·행정의 3권이 집중된 '국가보위비상대책위원회'(국보위)를 만들고, 전두환이 상임위원장이 되었다. 5월 18일 전라남도 광주에서 일어난 '광주민주화운동'은 신군부의 비상계엄확대를 반대하며 일어난 한국 현대사의 대표적인 민주화운동이었다. '국보위'는 강압통치로 민주화운동을 탄압하고 정치권을 대대적으로 재편하였다. 제10대 국회위원 231명 가운데 210명이 정치활동 규제대상이 되었으며, 172개의 정기간행물과 614개 출판사가 등록 취소되었으며, 711명의 언론인·86명의 교수·611명의 교사·8,663명의 공직자가 해직되었다. 또 사회정화라는 명목으로 3천여 명이 구속되고, 4만여 명이 '삼청교육대'로 보내졌다. 그 후 1980년 8월 27일 전두환은 유신체제의 유물인 통일주체국민회의를 통해서 대통령이 되었다(제5공화국).

1987년 5공화국 말기 박종철 고문치사사건이 계기가 되어 군사독재 반대, 대통령직선제 등 민주헌법 쟁취 등을 요구하며 '6·10국민대회'가 열렸다. 이 운동은 전국 24개 주요도시에서 연인원 500만 명 이상의 대중이 참가하여 19일 동안 계속되었다. 이에 전두환 대통령은 노태우 대통령후보에게 대통령 직선제 수용을 골자로 하는 '6·29선언'을 발표하게 하였다. 군사정권의 항복선언이라고 할 수 있는 이 선언에 따라 1972년 유신체제 수립 이후 15년 만에 대통령의 직접선거가 가능해졌다. 그러나 실제로 선거에서는 대통령 후보문제에 대한 의견대립으로 야권은 분열되고 노태우 후보가 36%의 득표율로 대통령에 당선되었다

(제6공화국). 1990년 1월 민주정의당, 통일민주당, 신민주공화당 등이 통합하여 민주자유당을 만들었다. 3당통합으로 노태우정권은 의회를 장악하였으며, 군대가 정권의 배후로 물러서고 민간정치인과 기술관료들이 전면에 등장하였다. 3당합당의 결과로 김영삼은 여당후보로서 대통령에 당선되어 이른바 '문민정부' 시대를 열었다. 그러나 '문민정부'의 정책은 많은 실패를 하였고, 국민의 지지도 그에 비례하여 하락하였다. 그 결과 1997년 12월 18일 제15대 대통령선거에서 야당의 김대중 후보가 대통령에 당선됨으로써 한국현대사에서 최초로 여·야 집권세력의 교체가 이루어지기도 하였다.

(2) 고도공업화와 경제위기

1980년대 이후의 경제는 1970년대 말 석유파동을 극복한 후 반도체·컴퓨터·생명공학 등의 첨단산업과 기계·전기·전자·자동차·화학 등의 고기술·고부가가치 산업에 중점을 두고 발전하였다. 그리하여 신발·섬유·의류 등의 전통적인 노동집약적 부문은 업종을 전환시키거나 혹은 해외로 진출시키는 방향으로 나아갔다. 1986년부터 본격화된 이러한 산업구조조정정책으로 인하여 한국경제는 획기적인 수출확대를 이룩하였다. 특히 자동차와 반도체 부문에서의 발전 및 수출성적은 비약적으로 신장되었다. 그러나 산업구조 조정은 재벌 중심의 발전전략을 채택하였기 때문에 경제의 대외의존과 중소기업의 몰락을 초래하는 문제를 드러내었다.

1980년대 후반 이른바 3저호황과 산업구조 재조정정책의 영향으로 1990년대에 들면서 외채위기는 한풀 꺾였지만, 한편으로는 우루과이라운드 타결과 OECD 가입 등으로 인해 수입자유화가 확대되면서 무역수지 적자문제가 다시 제기되었다. 1990년대의 한국인들은 그야말로 생존경쟁을 위한 무한경쟁시대에 살아가고 있다는 것을 실감하였다. '신자유주의'로 불리는 전 세계적인 차원의 자유방임적인 시장경제의 강화와 이에 수반하는 노동보호정책의 쇠퇴는 1997년도부터 명예퇴직, 조기퇴직 등의 명목으로 노동자, 샐러리맨들의 실업을 촉진하였다.

또한 한국경제의 구조적인 모순의 핵심이라고 할 재벌 중심의 정경유착 문제는 1990년대 한국경제를 위기로 몰아가는 원인이 되었다. 1997년 1월 초에 터진 한보 부도사태는 아마도 국민들 기억 속에서 영원히 사라지지 않을 정경유착의 폐해를 보여주는 상징적인 사건일 것이다. 악덕기업주와 정치권의 실세가 주인공이 되고 이른바 '비자금'을 매개로 서로 간에 특혜와 정치자금이 오고가는 정경유착의 전형적인 사례이다. 이러한 한국경제의 총체적인 위기는 1997년 12월 3일 국제통화기금(IMF)의 구제금융을 요청하는 사태에까지 직면하였다.

(3) 1980 · 90년대의 사회와 문화

1980년대 이후 경제성장과 소득증대는 국민의 생활패턴을 선진국형으로 바꿔놓았다. 외식문화, 자동차문화의 발달을 통해 소비생활의 변화가 초래되었다. 특히 대중문화의 양적 · 질적 확대라는 발전적 측면과 함께, 대중문화가 국민의 탈정치화를 부추기고 과소비를 낳는 상업화의 도구로 전락한 부정적인 측면이 교차되기도 하였다. 전두환정권은 장발 단속 완화, 통행금지 해제, 교복자율화, 해외여행 자유화 조치 등 일련의 개방화 정책을 실시하는 한편, 컬러TV의 방영과 프로야구, 프로씨름의 개막을 통해 오락과 스포츠, 유흥업 등의 활성화를 촉진하였다. 이러한 정책을 이른바 '3S(Sex, Screen, Sport) 정책'이라 부르기도 하였는데 이는 국민의 탈정치화를 부추기는 정책으로서 부정적으로 평가되기도 하였다. 1980년대는 스포츠의 활성기로서 그 절정은 역시 '88서울올림픽이었다. 서울올림픽은 160개국 13,000명이 출전, 사상 최대 규모로 치러졌고 완벽한 대회운영으로 역대 가장 훌륭한 올림픽이었다는 평가를 받았다. 한국은 이 대회를 통해 공산권 국가와의 교류를 활발하게 진행시켰으며 국제적으로 한민족의 무한한 잠재력과 역량을 공인받는 효과를 거두었다.

1990년대에는 사회주의권의 붕괴에 따른 탈냉전의 시대 분위기 속에서 반공, 안보, 도덕, 윤리, 종교 등등의 갖가지 금기에 갇혀 있던 본능적 욕구들이 여러 가지 형태로 분출되었다. 한편 이러한 새로운 흐름은 이윤추구라는 시장의 논리와 결합되면서 결국 무한경쟁시대를 부추기는 측면이 있는 것도 사실이다.

1960년대 이후의 급속한 경제개발로 황폐해진 환경에 대한 문제가 서서히 부각한 것도 1990년대 이후의 일이다. 전 세계적으로 환경친화적인 사업이 각광을 받고 환경오염 문제를 해결하는 산업이 급속하게 성장하고 있다. 환경은 보존한다는 차원뿐만 아니라 환경문제를 심각하

*서편제 영화
한 장면*

게 고려하지 않으면 경제적 성장도 막대한 지장을 초래할 수밖에 없도
록 국제간의 각종 환경조약과 협약 등이 계속 체결되고 있다.

한편 국제적인 개방과 교류가 증대되고 문화의 세계화가 진행되는
한편 '전통'에 대한 관심이 증폭하고 있는 것이 특징적인 현상이다. 농
산물 수입개방에 따른 우리 농산물 애용운동은 '신토불이'라는 말을 유
행시켰고, 서구식 식습관이 가져온 성인병의 증가에 대한 대책으로서
우리의 전통 식생활 습관에로의 전환을 모색하게 하였다. '판소리'를 매
개로 하여 민족의 정서와 한을 서정적으로 잘 그려냈다는 영화 '서편제'
가 한국영화 최대흥행 기록을 세우면서 성공한 것은 하나의 이변이기
도 하였다. '발전'이라는 서구적 근대화에 대한 환상에 눌려 청산해야
할 잔재나 극복해야 할 대상 정도로 격하되었던 전통문화에 대한 관심
의 증폭은 의미있는 일이다. 세계화시대, 국제화시대일수록 앞만 보면
서 달려오느라고 잊었던 '우리 것'에 대한 가치는 더욱 높아질 것이다.
세계화시대는 문화의 다원화 시대이기 때문에 '우리 것'을 세계문화 속
에 섞을 때 세계 속에서 독특한 가치를 인정받을 수 있다. 이 때 우리
문화는 세계문화의 일부로서 다른 나라 사람들의 문화를 더욱 풍요롭
게 할 수 있다. 민족문화와 세계문화의 상호 교호(交互)는 바로 이러한
것을 의미한다.

21세기를 맞이하면서 우리의 역사와 문화는 그러한 질적인 비약을
위한 중요한 도약대 위에 놓여 있는 것이다. 국제사회에서 우리의 존재
를 인정받음으로써 국제사회의 명예로운 한 구성원이 되기 위한 노력
이 보다 진지하게 요구된다.

18장 역사 속의 여성

1. 성(性)의 사회사(社會史)적 이해

인간사회는 남성과 여성이 함께 살면서 만들어진다. 인류가 지구상에 존재한 이래 그래 왔고 앞으로도 그럴 것이다. 따라서 남성과 여성은 새로운 창조를 이루어 내는 동반자로서 서로를 존중하며 이해할 필요가 있다. 그러나 남성과 여성이 사회의 동등한 구성원으로서 인정받고 살아온 역사는 그리 오래 되지 않았다. 과거의 역사 속에서 오랫동안 여성은 남성에 의해 종속된 존재로 살아왔고 그것은 여성의 생물학적 사회적 특성으로 인식되어 왔다. 그러나 그러한 사회적·관습적·생물학적 차이는 성을 매개로 한 차별로서 인류 역사에 사회제도와 관습의 일부로서 지속되어 왔다.

역사 속에서 여성의 삶은 성과 계층·계급이라는 이중의 틀 속에서 결정되어 왔다. 따라서 여성의 문제는 단순히 성의 문제만으로 이해할 수 없으며 국가의 제도나 계층·계급적 규율, 사회관습이 성을 매개로 전개되는 경우가 대부분이었다. 따라서 이러한 여성의 삶을 역사적으로 이해하는 것은 인간 역사에 대한 이해를 보다 심화시키는 한 방법이며, 그것은 곧 역사에 대한 사회사(社會史)적 접근이 될 수 있다.

동서양을 막론하고 여성차별의 뿌리는 매우 깊다. 계급이 발생하고 부권제(父權制) 사회의 성립과 함께 시작된 여성차별은 여성으로 하여금 부권에 예속되고 집안살림을 맡고 생산에도 종사하는 가사노예가 되도록 하였다. 이러한 사회적 차별은 여성에 대한 부정적인 인식과 관습을 낳았다. 서양의 신화에 판도라의 상자가 열리자 희망을 제외한 악의 모든 요소가 뛰쳐나왔다느니, 성서에서 이브가 뱀의 유혹에 넘어가 선악과를 땄다는 대목은 모두 여성에게 악의 근원을 떠넘기고 있다. 그리하여 여성을 인간 세상에 고통과 질병을 몰고 온 장본인으로 규정하고, 여성을 제물로 삼게 되는 근거를 삼고 있다. 아리스토텔레스 같은 철학자는 여성은 이빨 수가 남성보다 적어 지적으로 열등하며 용감할 수 없다는 편견에 찬 논리를 서슴없이 폈고, 중세의 신학자들은 심지어 여성에게도 구원의 대상인 영혼이 있는가 하는 문제를 두고 논쟁을 벌이기도 하였다. 근대 시민사회가 시작되면서 인권의 문제가 대두하고 평등과 자유의 의식이 확대되어 갔지만 20세기에 들어와서야 여성에 대한 법적 기본권이 보장되었으니, 서양에서도 여성의 수난사는 험하고도 길었다.

우리 역사에서도 사유재산제가 발생하고 계급이 분화한 후 국가가 성립함으로써 여성에 대한 차별이 시작되었다. 국가의 주요 경제기반인 토지, 노예 등 주요 생산수단을 남자가 소유하였고 가부장 사회가 형성되어 여성은 부권에 종속되었다. 부계(父系) 중심의 가계(家系) 상속이 정착하자 확실한 부자관계가 요구되었다. 여성의 삶은 가족의 재산을 늘리고 재산을 상속, 유지케 할 자녀를 낳고 기르는 것이 거의 전부로 되었다. 남성의 성생활은 별로 구속되지 않은 반면 여성에게는 정절이 강요되었다. 여성은 공적인 영역에서 배제되어 정치는 물론 사회경제적인 주요 지위에 접근할 수 없었다. 왕족 외에는 여성이 사회에서 주요 지위를 차지할 수 없었다. 그러나 이러한 가부장적인 사회에서도 여성의 삶의 모습은 시기와 지역에 따라, 그리고 신분이나 계급에 따라 달랐다.

2. 삼국·고려시대의 여성

초기 고대국가인 부여에서는 여성이 정조를 지키지 않으면 돌로 쳐 죽여서 산에 내다버렸고, 그 여자의 친정에서 딸의 시신을 찾아가기 위해서는 남편쪽에 경제적 배상을 해야만 하였다. 여성의 간음과 시기를 처벌의 대상으로 삼음으로써 가부장적 가족제도를 옹호하고 있었던 것이다.

가부장제가 지켜지고 남성 우위 문화가 지배적인 한 여성의 지위는 항상 불리하였지만 삼국시대와 고려시대에는 애정관계, 특히 혼인 등 활동에서는 제도적으로 그리 차별받지 않았던 것으로 보인다. 고구려의 서옥제(婿屋制)는 결혼풍습에 있어서 여성의 우선권을 인정하였던 것이며, 고려시대에는 송나라의 사신이 고려의 남녀가 구분 없이 냇가에서 함께 목욕하는 것을 보고 기이하게 여겼다는 기록이 남아 있다. 그리고 신랑이 처가에서 결혼한 뒤 그대로 처가에 눌러 사는 경우도 많았고, 신부가 시집으로 간 다음에도 친정과 긴밀한 관계를 유지하여 남자와 똑같이 재산을 분배받았다. 사위나 외손자가 장인 또는 외할아버지의 덕택에 음서(蔭敍)로 벼슬에 나아갈 수 있었다. 여성의 재혼 또한 자유로웠으며 자식을 데리고 재가를 하는 것은 물론, 죽은 남편의 재산을 가지고 재혼을 하는 경우도 많았다.

3. 조선시대의 여성

우리 나라에서 여성에 대한 차별과 억압이 더욱 심해진 것은 유교이데올로기가 정착된 조선시대 이후였다. 유교이데올로기, 특히 성리학적 이데올로기에 의한 성차별의 규범은 오늘날 한국 사회에 남아 있는 전통적인 남녀관계에 가장 큰 영향을 미치고 있다. 조선시대에는 남녀의 다른 삶을 '부부유별(夫婦有別)'이라는 유교의 통치이념으로 설명하여, '남자는 하늘, 여자는 땅'으로서 남자는 우주만물을 형성하는 근원이며 여자는 그에 종속된다는 논리를 풍미하게 만들었다. 이에 따라 아내는 남편이 아무리 어리석어도 더욱 공경하고 정성을 다해 모셔야 한다는 '삼종지도(三從之道)'가 나오게 되었고 이러한 남녀관계의 규범은 초기에는 주로 양반 사대부 집안에서 강조하였으나 점차 서민층에게도 유포되었다. 이것은 서민의 사회경제적 성장을 어느 정도 반영하는 한편 한글 창제 등 집요한 교화사업으로 조선왕조의 성리학적 이데올로기가 일반 서민에게까지 뿌리를 내리게 된 결과로도 해석할 수 있다. 유교윤리가 전 사회적으로 확산되고 보다 확고해짐에 따라 남존여비사상은 더욱 강고해지고 여성들의 지위는 점점 낮아지기만 하였던 것이다.

여성의 사회적 성취가 막혀 있는 한 조선시대 여성의 삶은 가정을 넘어서 존재할 수 없었다. 결혼은 그러한 여성의 삶을 결정하는 가장 중요한 계기가 되었다. 그러나 조선시대의 결혼은 '위로는 조상을 받들고 아래로는 후사를 잇기 위해서'라는 거창한 명분 하에서 이루어졌다. 그러나 조선시대의 결혼은 주자가례(朱子家禮)에 의한 친영제(親迎制)를 비롯하여 여자가 남자 집에 가서 사는 것으로 이루어졌다. 따라서 결혼

삼강행실열녀도

은 여자에게 많은 것이 요구되었고, 시집의 가부장적 질서에 적응해야 함은 물론 시집의 대를 잇는 것이 여자의 제일 가는 사명이었다. 이 때문에 조선시대에는 결혼하는 딸에게 시집생활에 적응할 수 있는 생활교육과 성교육이 행해졌다. 생활교육은 주로 행동거지와 여러 법도에 대한 교육이었고, 성교육은 바로 아들을 낳기 위한 것이었다.

결혼과 더불어 가부장적 가족제도를 유지하기 위하여 행해진 것이 '칠거지악(七去之惡)'이었다. 오늘날의 이혼사유와 같은 것인데 다른 점은 일방적으로 여자의 '하자'만이 그 사유가 되며 그 주도권은 남자가 쥐고 있다는 것이다. 처가 시부모를 잘 모시지 못한다거나, 대를 이을 자식을 낳지 못한다거나, 음란하여 낳은 자식에 대한 혈통의 순수성을 보장받을 수 없을 때, 질투가 심하여 처첩제가 운영되기 어렵게 할 때, 나쁜 병이 있어 건강한 아들을 낳을 수 없을 때, 말이 많아 대가족제도를 잘 운영할 수 없게 할 때, 도둑질을 하는 경우 등 일곱 가지 잘못이 있을 때 처를 쫓아낼 수 있도록 하였다. 그러나 칠거지악의 적용은 사실상 애매한 경우가 많았고, 매우 자의적으로 해석될 소지가 많았다. 이에 최소한이나마 여성을 보호하기 위해 둔 것이 '삼불거(三不去)'였다. 삼불거란 처가 쫓겨나면 돌아갈 곳이 없다거나 부모의 삼년상을 같이 치렀다거나 가난할 때 시집와서 부자가 되게 한 경우에는 칠거에 해당하는 죄를 범했어도 처를 내쫓을 수 없다는 것이다.

국가는 가부장적 가족제도를 지키기 위하여 여성의 일상생활에 여러 규제를 가하였으며 정절과 부덕(婦德)을 강조하였다. 성종 16년(1485)에 여자가 재혼하는 것을 금하고 그의 자녀는 과거에 응시할 수 없다는 것을 법령화(재가여자손금고법 再嫁女子孫禁錮法)하였다. 또 첩의 아들인 서얼이 자손 대대로 벼슬에 오르는 것도 막았다(서얼금고법 庶孽禁錮法). 조선 초기까지 여자에게도 재산이 상속되던 것이 이제 시집간 딸은 '출가외인'이라는 관념이 확실해지면서 상속에서 배제되었다. 정절에 대한 의식은 점점 더 극단적이 되어 가 열녀에 대해서는 열녀문과 열녀각을 내리고 후손에게는 부역이나 세금 감면, 특채의 영광을 주기도 하였다. 이러한 사정 때문에 문중이 나서서 한 여성의 희생을 강요하는 것은 당시 사회에서 전혀 비인간적인 것이 아니라 오히려 유교적 명분을 지키는 일로서 추앙되고 있었다. 이러한 유교적 의식은 조선 후기 민담이나 소설 속에서도 그대로 반영되고 있었다. 콩쥐팥쥐, 장화홍련전, 심청전 등은 모두 계모의 비인간성과 악독함을 묘사하여 재가한 여성을 대중의 심성 속에 부정적 이미지로 주입시키고 있었다. 반면에 여성의 사표는 현모양처(賢母良妻) 아니면 정절녀(貞節女)로 상징되게 되었고 이것은 오늘날까지도 지배적인 의식구조로 남아 있다.

4. 근현대의 여성문제

조선 후기 이래로 다양한 계층분화와 양반층의 몰락으로 중세적 지배체제가 동요하자 기존의 지배문화가 무너지고 민중의 의식이 성장하였다. 그러한 가운데 남존여비의 여성관도 점차 변화하기 시작하였다. 더욱이 19세기에 들어 서세동점의 영향은 서구식 근대화를 이루기 위한 여성문제의 해결에 대한 인식을 촉발하였다. 당시 개화파 지식인들은 조선이 개화하려면 인구의 절반을 차지하고 있는 조선 여성의 개화가 필요하다고 보기 시작하였다. 개항 직후, 근대적인 문물을 보고 배우러 일본에 건너간 개화파 관리 김기수(金綺秀)는 여자에게도 남자와 똑같이 교육의 기회가 주어지고 있는 것을 보고 여성개화의 필요성을 느꼈다. 박영효(朴泳孝)는 갑신정변의 실패로 일본에 망명해 있으면서 일본의 개화사상가인 후쿠자와(福澤諭吉)의 영향을 받았는데, 그는 인간의 자유독립을 전제로 하여 유교적 남존여비와 축첩제의 악습을 비판하고 남녀평등에 입각한 여성교육과 자유의사에 따른 결혼을 주장한 사람이었다. 1888년 박영효는 고종에게 「개화상소」를 올렸는데, 28개조로 된 이 상소문에는 여성의 인격존중과 학대·멸시의 금지, 여성의 노예화 금지, 교육의 남녀균등, 과부재가 허락, 축첩 폐지, 조혼 폐지, 내외법 폐지 등을 내용으로 하는 여권론에 대한 주장들이 들어 있었다. 또한 1894년 갑오농민전쟁에서 농민군들이 요구한 12개의 폐정개혁안의 제7항에는 '청춘과부의 재가를 허용할 것'을 주장하고 있어서 눈길을 끈다. 이것은 근대적인 남녀평등에 입각한 여성상을 제시한 것은 아니었지만 봉건적인 가족체제와 질서 속에서 여성들의 열악한 사회·정치적인 지위를 향상시키는 데 관심을 기울이고 있었음을 엿볼 수 있다. 이러한 과부재가의 허용은 그 후 갑오개혁에서 수용되어 조선왕조의 봉건적인 여성정책의 일대 전환을 가져오게 되었다. 여권론에 대한 보다 적극적인 논조는 독립협회가 대중계몽을 위해 발행한 『독립신문』에서도 확인이 된다.

> 세상에 불쌍한 인생은 조선의 여편네니 우리가 오늘날 이 불쌍한 여편네들을 위하여 조선국민에게 말하노라. 여편네가 사나이보다 조금도 낮은 인생이 아닌데 사나이들이 천대하는 것은 다름 아니라 사나이들이 문명개화가 못 되야 이치와 인정을 생각지 않고 다만 자기의 팔 힘만 믿고 압제하려는 것이니…… 조선의 여편네들이 약한 고로 자유권이 없어졌고 대접받기를 옥에 갇힌 죄인같이 하니 그 사나이들의 무리한 죄상을 생각하면 매우 천하고 괘씸하더라. (『독립신문』1896년 4월 21일 논설)

라고 하여 여성을 무조건 학대하고 멸시하는 것은 남성이 개화가 못 된 까닭이라고 힐난하였다. 그 밖에도 독립신문에서 주장한 여권론의 주된 내용은 봉건적인 혼인제도의 개혁, 내정과 평등한 인격에 기반한 부부 중심의 근대적 가족제도, 여성의 교육권과 사회적.활동의 필요성 등이었다. 이와 같이 그 주장한 계열은 다르더라도 근대적인 개혁의식에는 여성의 인격적·사회적 독립과 자유를 위한 기초적인 요구들과 그것을 위한 사회적 대응이 제기되는 것이 공통적이었다. 그만큼 여성의 성차별과 그것의 해결은 역사성을 띠는 문제였다.

봉건적인 폐해로부터 여성이 벗어나려는 노력은 개항 이후 자본주의 사회구조가 확산되고 개화사상과 기독교 등에 영향받아 여성교육이 확대되는 가운데 차츰 현실화되었다. 1886년에 기독교 이념을 바탕으로 세워진 이화학당은 우리 나라 여성교육기관의 시초였으며, 이후 정신(1887), 일신(1895), 숭현(1896), 영화·정선(1897), 배화·순성(1898), 숭의(1903), 호수돈(1904), 진명·숙명(1906), 동덕(1908) 등 각지에서 여학교가 설립되어 여성에게도 신식교육이 행해졌다. 이들 여학교는 양반

1915년경
이화학당 학생들
수업모습

전통사회의 여성들을 예속과 압박으로부터 해방시키고 근대화시키는
데 앞장섰다.

'암탉이 울면 집안이 망한다'는 말을 지금도 신봉하는 사람은 아마 없
을 것이다. 바야흐로 남녀평등의 시대가 찾아온 것이라고 말할 수 있는
데, 과연 오늘날 우리 사회에서 여성의 사회적 지위와 권리가 법적으로
혹은 사회적 통념으로 보장받고 있는지는 여전히 의문이다. 또한 역으
로 여성 자신이 구시대의 관념을 가지고 대등한 사회구성원으로서의
의무를 소홀히 하는 경향은 없는지 생각해 볼 일이다. 성의 사회적 평
등은 분명 더 나은 사회를 위한 핵심과제의 하나이다. 그리고 그 과제
는 남성과 여성의 대립적인 관점이 아닌 '인간'에 대한 생각과 맞물려
있다.

자 료 편

1. 단군신화

위서(魏書)에 이르기를 "지나간 2천 년 전에 단군왕검이라는 이가 있어 도읍을 아사달에 정하고 나라를 창건하여 이를 조선이라 하니 요(堯)임금과 같은 시대이다"라고 하였으며, 고기에 이르기를 "옛날 환인의 아들 환웅이란 이가 있어 자주 나라를 다스려 볼 뜻을 두어 인간 세상을 지망하더니, 그 아버지가 아들의 뜻을 알고 아래로 삼위(三危) 태백 땅을 내려다 보매 인간들에게 크나큰 이익을 줄 만한지라 이에 천부인(天符印) 세 개를 주어 보내어 여기를 다스리게 하였다. 환웅은 무리 3천 명을 거느리고 태백산(지금의 묘향산) 꼭대기 신단수 아래 내려오니 여기를 신시(神市)라 이르고 그를 환웅 천왕(天王)이라 하였다. 그는 바람 맡은 어른(風伯), 비 맡은 어른(雨師), 구름 맡은 어른(雲師)들로써 농사와 수명과 질병과 형벌과 선악을 맡게 하고 무릇 인간살이의 360여 가지 일을 주관하여 세상에 살면서 정치와 교화를 베풀었다.

때마침 곰 한 마리와 범 한 마리가 같은 굴에 살면서 항상 신령스러운 환웅에게 사람으로 되도록 해달라고 빌었다. 이 때 환웅신은 영험 있는 쑥 한 타래와 마늘 스무 개를 주면서 "너희들이 이것을 먹고 백 날 동안 햇빛을 보지 않으면 쉽사리 사람이 될 수 있으리라"고 하였다.

곰과 범은 이것을 얻어 먹고 스무하루 동안 조심하여 곰은 계집의 몸이 되고, 범은 조심하지 못해 사람이 되지 못했다. 곰 계집은 혼인할 자리가 없었으므로 매양 신단수 아래에 와서 어린아이를 낳게 해달라고 빌었다. 환웅은 잠시 사람으로 변하여 그녀와 혼인하여 아들을 낳으니 이름을 단군왕검이라 하였다.

그는 요임금이 즉위한 50년 경인(庚寅)에 평양성에 도읍하고 비로소 조선이라 일컬었다. 또 도읍을 백악산 아사달로 옮겼는데 그 곳을 또 궁홀산(弓忽山)이라고도 하고 또 금미달(今彌達)이라고도 하니 1천 5백 년 동안

나라를 다스렸다.

주(周)나라 무왕이 즉위한 기묘(己卯 : 기원전 1122)에 기자를 조선에 봉하니 단군은 곧 장당경(藏唐京)으로 옮겼다가 뒤에 돌아와 아사달에 숨어서 산신이 되었으니 그 때 나이 1908세였다"고 하였다.

(『삼국유사』 권1, 고조선)

2. 광개토왕릉비문

옛적 시조 추모왕(鄒牟王)이 나라를 세웠는데 북부여에서 태어났으며, 천제의 아들이고 어머니는 하백의 따님이었다. 알을 깨고 세상에 나왔는데, 태어나면서부터 성스러운□□□□□이 있었다. 길을 떠나 남쪽으로 내려가는데, 부여의 엄리대수를 거쳐가게 되었다. 왕이 나룻가에서, "나는 천제의 아들이며 하백의 따님을 어머니로 한 추모왕이다. 나를 위해 갈대를 연결하고 거북이 무리를 짓게 하라"라고 하였다. 말이 끝나자마자 곧 갈대가 연결되고 거북떼가 물 위로 떠올랐다. 그리하여 강물을 건너가서, 비류곡 홀본(忽本) 서쪽 산 위에 성을 쌓고 도읍을 세웠다. 왕이 왕위에 싫증을 내니, 하늘님이 황룡을 보내 내려와서 왕을 맞이했다. 왕은 홀본 동쪽 언덕에서 용의 머리를 딛고 서서 하늘로 올라갔다.

유명(遺命)을 이어받은 세자 유류왕(儒留王)은 도(道)로써 나라를 잘 다스렸고, 대주류왕(大朱留王)은 왕업을 계승하여 발전시켰다. 17세손에 이르러 국강상광개토경평안호태왕(國罡上廣開土境平安好太王)이 18세에 왕위에 올라 칭호를 영락태왕(永樂太王)이라 하였다. 왕의 은택이 하늘까지 미쳤고 위무는 사해에 떨쳤다. 나쁜 무리를 쓸어없애니, 백성이 각기 그 생업에 힘쓰고 편안히 살게 되었다. 나라는 부강하고 백성은 유족해졌으며, 오곡이 풍성하게 익었다. 그런데 하늘이 이 백성을 어여삐 여기지 아니하여 39세에 세상을 버리고 떠나시니, 갑인년 9월 29일 을유에 산릉으로 모시었다. 이에 비를 세워 그 공훈을 기록하여 후세에 전한다. 그 말씀은 아래와 같다.

비려(稗麗)가 고구려인에 대한 노략질을 그치지 않으므로 영락 5년 을미에 왕이 친히 군사를 이끌고 가서 토벌하였다. 부산(富山), 부산(負山)을 지나 염수(鹽水)에 이르러 그 3개 부락 600~700영(營)을 격파하니, 노획한 소·말·양의 수가 이루 다 헤아릴 수 없었다.

이에 왕이 행차를 돌려 양평도(襄平道)를 지나 동으로 □성(城), 역성

(力城), 북풍(北豊), 오비(五備)□로 오면서 영토를 시찰하고, 수렵을 한 후 돌아왔다.

백잔(百殘)과 신라는 옛적부터 고구려의 속민으로서 조공을 해왔다. 그런데 왜가 신묘년(391)에 건너와 백잔을 깨뜨리고(2자 缺) 신라 ...하여 신민으로 삼았다. 영락 6년(396) 병신에 왕이 친히 군사를 이끌고 백잔을 토벌하였다. ……백잔이 의(義)에 복종하지 않고 감히 나와 싸우니 왕이 크게 노하여 아리수를 건너서 정병을 보내 그 수도에 육박하였다. (백잔군이 퇴각하니) 곧 그 성을 포위하였다. 이에 백잔주(百殘主)가 곤핍해져, 남녀 생구(生口) 1천 명과 세포(細布) 천 필을 바치면서 왕에게 항복하고, 이제부터 영구히 고구려왕의 노객(奴客)이 되겠다고 맹세하였다. 태왕은 앞의 잘못을 은혜로써 용서하고 뒤에 순종해 온 정성을 기특히 여겼다. 이에 58성 700촌을 획득하고 백잔주의 아우와 대신 10인을 데리고 수도로 개선하였다.

영락 8년 무술에 한 부대의 군사를 파견하여 식신(息愼) 토곡(土谷)을 관찰 순시하였으며 그 때에 막(莫)□나성(羅城) 가태라곡(加太羅谷)의 남녀 300여 명을 잡아왔다. 이후로 조공을 하고 보고하며 명을 받았다.

영락 9년(399) 기해에 백잔이 맹서를 어기고 왜와 화통했다. 왕이 평양으로 행차하여 내려갔다. 그 때 신라왕이 사신을 보내 아뢰기를, "왜인이 그 국경에 가득차 성지(城池)를 부수고 노객으로 하여금 왜의 민으로 삼으려 하니 이에 왕께 귀의하여 구원을 요청합니다"라고 하였다. 태왕이 은혜롭고 자애로워 신라왕의 충성을 갸륵히 여기고 신라 사신을 보내면서 계책을 돌아가서 고하게 하였다.

10년(400) 경자에 왕이 보병과 기병 도합 5만 명을 보내 신라를 구원하게 하였다. 남거성(男居城)을 거쳐 신라성에 이르니, 그 곳에 왜군이 가득했다. 관군이 막 도착하니 왜적이 퇴각하였다. 그 뒤를 급히 추적하여 임나가라(任那加羅)의 종발성(從拔城)에 이르니 성이 곧 항복하였다. 안라인(安羅人) 수병(戍兵)... 신라성 □성 ...하였고, 왜구가 크게 무너졌다(이하 77자 거의 대부분 불명). 옛적에는 신라 매금(寐錦)이 몸소 고구려에 와서 보고하며 청명(聽命)을 한 일이 없었는데, 국강상광개토경호태왕에 이르러 신라 매금이 ...하여 조공했다.

14년 갑진 왜가 법도를 지키지 않고 대방 지역에 침입했다...석성, 연선(連船)...평양을 거쳐 서로 맞부딪치게 되었다. 왕의 군대가 적의 길을 끊고 막아 좌우로 공격하니, 왜구가 궤멸하였다. 참살한 것이 무수히 많았다.

17년 정미 왕의 명령으로 보군과 마군 도합 5만 명을 파견하여...합전(合

戰)하여 모조리 살상하여 분쇄했다. 노획한 갑옷이 만여 벌이며, 그 밖에 군수물자는 그 수를 헤아릴 수 없이 많았다.……

20년(410) 경술 동부여는 옛적에 추모왕의 속민이었는데, 중간에 배반하여 조공을 하지 않게 되었다. 왕이 친히 군대를 끌고가 토벌하였다. 고구려군이 여성(餘城)에 도달하자, 동부여의 온나라가 놀라 두려워하여 항복하였다. 왕의 은덕이 동부여의 모든 곳에 두루 미치게 되었다. 이에 개선을 하였다. 이 때에 왕의 교화를 사모하여 개선군을 따라 함께 온 자는 미구루압로(味仇婁鴨盧), 비사로압로(卑斯盧鴨盧), 타사루압로(椯社婁鴨盧), 숙사사압로(肅斯舍鴨盧), □□□압로였다. 무릇 공파(攻破)한 성이 64개, 촌이 1400이었다.

수묘인 연호(烟戶)……

국강상광개토경호태왕이 살아 계실 때 교(敎)를 내려 말하기를, '선조 왕들이 다만 원근에 사는 구민(舊民)들만을 데려다가 무덤을 지키며 소제를 맡게 하였는데, 나는 이들 구민들이 점점 몰락하게 될 것을 염려한다. 내가 죽은 뒤 나의 무덤을 편안히 수묘하는 일에는, 내가 몸소 다니며 약취(略取)해 온 한인(韓人)과 예인(穢人)들만을 데려다가 무덤을 수호·소제하게 하라'고 하였다. 왕의 말씀이 이와 같았으므로 그에 따라 한과 예의 220가를 데려다가 수묘케 하였다. 그런데 그들 한인과 예인들이 수묘 예법을 잘 모를 것을 염려하여, 다시 구민(舊民) 110가를 더 데려왔다. 신·구 수묘호를 합쳐, 국연이 30가이고 간연이 300가로서 도합 330가이다.

선조왕들 이래로 능묘에 석비를 세우지 않았기 때문에 수묘인 연호들이 섞이게 되었다. 오직 국강상광개토경호태왕께서 선조왕들을 위해 묘상에 비를 세우고 그 연호를 새겨 기록하여 착오가 없게 하라고 명하였다. 또한 왕께서 규정을 제정하시어, '수묘민을 이제부터 다시 서로 팔어넘기지 못하며, 비록 부유한 자가 있을지라도 또한 함부로 사들이지 못할 것이니, 만약 이 법령을 위반하는 자가 있으면, 판 자는 형벌을 받고, 산 자는 자신이 수묘하도록 하라'고 하였다.

(『역주 한국고대금석문』 1, 3~35쪽)

3. 장보고

정연과 장보고는 모두 신라 사람이다. 다만 그 고향과 조상이 누구인지 모른다. 이 두 사람은 모두 전투를 잘 하였는데, 정연은 수영을 잘 하여 바다 밑으로 능히 50리를 헤엄쳐 가도 숨이 막히지 않는 등 그 장한 용맹을 나타냈는데 장보고는 이에 미치지 못하였다. 정연은 장보고를 형이라 불렀는데, 장보고는 나이로, 정연은 재능으로, 항상 의견이 어긋나서 서로 굽히지 않았다. 두 사람은 함께 당나라에 들어가서 무령군 소장이 되었는데, 말을 타고 창 쓰는 기술에는 능히 대적할 사람이 없었다.

뒤에 장보고는 나라로 돌아와서 흥덕왕을 배알하고 아뢰기를 "중국을 널리 돌아다녀 보니 우리 나라 사람을 노비로 삼고 있었습니다. 원컨대 청해진을 만들어 적이 사람을 약탈하여 서쪽으로 붙잡아 가지 못하도록 하소서" 하였다. 청해는 신라 해로의 요충으로 지금은 완도라 부른다. 대왕은 그 말을 좇아 장보고로 하여금 군사 1만 명을 거느리고 해상을 방비하게 하였는데, 이후부터는 해상에서 나라 사람들을 매매하는 일이 없어졌다. 장보고는 드디어 귀하게 되었다.

정연은 당나라에서 벼슬을 버리고 직업이 없어 굶주리고 추위에 떨며 사수의 연빙현에 살았는데 하루는 수장 풍원규에게 말하기를, "나는 신라로 돌아가서 장보고에게 의지하여 얻어먹겠다"고 하니 풍원규는 말하기를 "그대는 전에 장보고와 저버린 것이 어떠하였던가? 왜 가서 그의 손에 죽으려 하는가?" 하였다. 정연은 말하기를 "굶주림과 추위에 죽는 것은 싸워서 죽는 것처럼 통쾌하지 못하다. 황차 고향에 돌아가서 죽게 되는 것이라면" 하고, 드디어 돌아와서 장보고를 찾아보니 장보고는 그를 환영하여 잔치를 베풀고 술을 마시며 즐겼다.

그런데 술 마시기를 다 마치기도 전에 희강왕이 죽음을 당하고 나라가 어지럽고 임금이 없다는 말이 들리므로, 군사 5천 명을 정연에게 나누어 주며 정연의 손을 잡고 울면서 말하기를, "내 그대가 아니면 능히 나라의 환난을 평정하지 못할 것이다" 하니, 정연은 곧 군사를 거느리고 서울로 들어가서 반란의 무리를 잡아 죽이고 신무왕을 세웠다. 왕은 장보고를 불러 재상으로 삼고 정연에게 장보고를 대신하여 청해진을 지키게 하였다 (이 史實은 新羅傳記와 자못 다르다. 杜牧의 말로 전기를 지었으므로 둘 다 그대로 적어둔다).

(『삼국사기』 권44, 장보고전)

4. 처첩제도

박유는 충렬왕 때 태부경에 임명되었다. 왕에게 글을 올려 "우리 나라는 남자가 적고 여자가 많습니다. 그런데 신분의 높고 낮음을 막론하고 처는 하나입니다. 아들이 없어도 감히 첩을 두지 않습니다. 근래 외국인들이 와서 인원에 제한 없이 처를 두니 인물이 모두 북쪽으로 흘러갈까 걱정됩니다. 신하들에게 첩을 두는 것을 허락하되, 관품에 따라 그 수를 줄여 일반인은 일처일첩(一妻一妾)을 두게 하소서. 여러 처의 자식도 모두 적자와 같이 벼슬을 할 수 있게 한다면, 짝이 없어 원망하는 사람도 없을 것이고 줄어드는 인구도 점점 늘어날 것입니다"고 건의했다. 부녀자들이 이를 듣고 원망하고 두려워하지 않는 자가 없었다. 때마침 연등회 저녁에 박유가 왕의 행차를 호위하고 따라가는데, 어떤 노파가 손가락질하면서 "첩을 두자고 청한 자가 바로 저 빌어먹을 놈이다"고 하자 듣는 사람들이 서로 손가락질하여 거리마다 붉은 손가락이 무더기 묶음이 되었다. 당시 재상들 가운데는 자기 처를 무서워하는 자들이 있어서 그 논의를 못하게 했고 결국 시행되지 못했다.

(『고려사』 권106, 박유전)

5. 무인정변

정중부는 해주 사람이다. 용모가 웅걸스럽고 모난 눈동자에 이마가 넓고 피부가 희고 수염이 아름다웠으며, 키는 일곱 자가 넘었으므로 바라보면 두려워할 만했다. 처음에 해주에서 군인의 명단을 올려보낼 때 그 팔을 봉하여 서울로 보내었더니, 재상 채홍재가 군인을 뽑다가 이를 보고는 이상하게 여겨서 그 봉한 것을 풀고 위로한 뒤 (친위군의 일종인) 공학금군에 소속시켰다.

인종 때에 비로소 견룡 대정에 임명되었다. 섣달 그믐에 질병 귀신을 쫓는 의식을 베풀어 잡기(雜技)를 하는데 왕이 와서 보았다. 그 때 내시·다방·견룡 등이 서로 날뛰고 즐기다가 내시인 김돈중이 나이가 어리지만 기운이 세서 촛불로 정중부의 수염을 태웠다. 정중부가 김돈중을 치고 욕하였다. 김돈중의 아버지인 김부식이 화가 나서 왕께 아뢰고 정중부를 매로 때리고자 하니 왕이 이를 허락했다. 그러나 왕은 정중부의 사람됨을 비범히 여겨 몰래 도망가게 해서 면하게 해 주었다. 정중부는 이 일로 김돈중을 싫어하게 되었다.

뒤에 정중부가 다시 벼슬하여 왕의 곁에서 가까이 모시다가 의종 연간 초에 교위가 되었다. 그 때 어사대가 왕의 명령으로 수창궁의 북문을 봉쇄

하고 군소 무리의 출입을 금지하였는데, 정중부가 산원 벼슬을 하는 사직재와 함께 함부로 열고 마음대로 출입하였다. 어사대가 처벌하려 했으나 왕이 듣지 않았다. 그 후 여러 관직을 거쳐 상장군이 되었다.

이 때에 왕이 주색에 빠져 정사를 돌보지 않고, 노는 것이 한정이 없었으며, 늘 경치 좋은 곳에 이르면 갑자기 수레를 멈추고 풍월을 읊으며 구경하였다. 18년에 왕이 인지재라는 곳으로 가는데, 법천사 승려 각예가 왕의 수레를 달령원에서 맞이하였다. 왕이 모든 학사와 함께 노래로 화답하기를 그치지 않았는데, 정중부 이하 여러 장군들은 피곤하고 분통이 나서 비로소 반역의 마음을 품었다.

좌부승선 임종직·기거주 한뢰는 깊은 생각도 없이 왕의 총애를 믿고 남에게 거만하였으며 무인을 멸시하므로 여러 사람들의 노여움이 더욱 심하였다. 의종 24년에 왕이 화평재에 행차하였는데 가까이에서 아끼는 문신들과 술 마시고 시를 읊으며 돌아갈 줄을 모르니, 호위하는 장사의 굶주림이 심하였다. 정중부가 소변을 보러 나가니 견룡 행수인 산원 이의방·이고가 따라와서 비밀히 그에게 말하기를 "문신은 뜻을 얻어 취하고 배부르지만 무신은 모두 굶주리고 피곤하니 이것을 참겠습니까?" 하였다. 정중부도 일찍이 수염을 태운 감정이 있어, 동의하고 드디어 흉계를 꾸몄다. 뒤에 왕이 연복정에서 흥왕사로 거둥할 때 정중부가 이의방과 이고에게, "지금이 거사할 때다. 그러나 만일 왕이 곧 환궁하면 참을 것이고, 만약 다시 보현원으로 옮겨가면 이 기회를 놓치지 않을 것이다"라고 하였다.

다음 날 왕이 장차 보현원에 행차하려고 오문 앞까지 와서 시중드는 신하를 불러 술을 따르게 하고 술이 취하자 좌우를 돌아보고, "장하다, 여기가 바로 군사를 훈련할 수 있는 곳이로다" 하고 무신에게 명령하여 5병의 수박희를 하게 하였다. 이것은 무관들의 불평을 짐작하고 이런 일로 후하게 상을 주어 위로하려는 것이었다. 그런데 한뢰는 무관이 총애를 입게 될까 염려하여 시기심을 품었다. 대장군 이소응은 무인이기는 하지만 얼굴이 수척하고 힘도 약하였는데 한 사람과 수박희를 하다가 이기지 못하고 달아났다. 한뢰가 갑자기 앞에 가서 그의 뺨을 치니 계단 아래로 굴러 떨어졌다. 왕이 여러 신하들과 함께 손뼉을 치면서 크게 웃고, 임종직·이복기도 역시 이소응을 욕하였다. 이에 정중부와 김광미, 양숙, 진준 등이 낯빛이 변하며 서로 눈짓을 하였다. 정중부가 소리 높여 한뢰를 꾸짖기를, "이소응이 무인이지만 관품이 3품인데 어찌 이토록 심하게 모욕하는가" 하였다. 왕이 정중부의 손을 잡고 위로하여 마음을 풀게 하였다. 이고가 칼을 빼어 정중부에게 눈짓하였으나 정중부가 중지시켰다.

날이 저물어 왕의 수레가 보현원에 가까워지자 이고와 이의방이 먼저 가서 왕의 명령이라고 꾸며 순찰하는 군인을 모았다. 왕이 문에 들어서자 마자 여러 신하들이 물러가려 하자, 이고 등이 손수 임종식·이복기를 문에서 죽였다. 한뢰는 친한 환관의 힘을 입어 왕의 책상 아래에 숨었다. 왕이 크게 놀라서 환관 왕광취에게 명하여 이를 제지하게 하였다. 정중부가 말하기를, "화의 근본인 한뢰가 아직도 왕의 곁에 있사오니 그를 내어주어 목 베이게 하소서"라고 하였고, 내시 배윤재도 역시 들어가 아뢰었다. 한뢰가 왕의 옷에 매달려 나오지 않았으므로, 이고가 칼을 뽑아 위협하니 그제 야 나왔는데, 이를 즉시 죽였다. 지유인 김석재가 이의방에게 "이고가 감히 어전에서 칼을 뽑느냐?" 하였더니 이의방이 눈을 부릅뜨고 꾸짖어서 김석재가 다시 말하지 못하였다. 이에 승선 이세통, 내시 이당주, 어사잡단 김기신, 지후 유익겸, 사천감 김자기, 태사령 허자단 등 모든 호종한 문신과 높고 낮은 신하·환관이 모두 해를 당했는데 쌓인 시체가 산 같았다.

처음에 정중부·이의방 등이 "우리들은 오른 소매를 빼고 머리 두건을 벗을 것이니 그렇지 않은 자는 다 죽여라"라고 약속하였으므로 무인이면 서도 머리 두건을 벗지 않은 자도 많이 피살되었다. 왕이 크게 두려워하여 그들의 뜻을 위로하고자 여러 장수에게 칼을 하사하였으므로 무인들은 더욱 교만하고 횡포해졌다. 앞서 동요에 이르기를 "어느 곳이 보현사 절이냐. 이 획수만큼 죽을 것이다"라고 하였다.

어떤 사람이 정중부·이의방에게, "김돈중은 먼저 알고 도망하였다"고 알렸다. 정중부 등이 놀라서 "만약 김돈중이 성에 들어가 태자를 받들고 성문을 닫아 걸고 (우리를) 막으며 반란의 주모자를 잡게 하면 일이 위급할 것인데 어찌할까?"라고 말하였다. 이의방 등이 "만약 그대와 내가 남쪽으로 가서 강이나 바다에 몸을 던지지 않으면, 북쪽에 있는 거란 오랑캐에게 몸을 의탁하여 피하자"고 하고, 드디어 걸음이 빠른 자를 서울에 보내 탐지하게 하였다. 그 자가 밤에 김돈중의 집에 이르러 동정을 살피니 고요하고 사람의 소리가 없었다. "승선(김돈중)이 어디 있는가" 하고 물어보니 "임금을 호종하여 아직 돌아오지 않았다"고 대답하였다. 곧 돌아와서 보고하니 정중부·이의방 등이 기뻐하면서 "일은 이미 성공하였다" 하고, 곧 자기 도당의 일부를 남겨 행궁을 지키게 하고, 이고와 이의방·이소응 등은 날쌔고 용감한 자를 뽑아서 서울로 바로 달려가서, (이들이) 가구소(街衢所)에 이르러 별감 김수장 등을 죽이고, 궁궐에 들어가서 추밀원부사 양순정, 사천감 음중인, 대부소경 박보균, 감찰어사 최동식, 내시지후 김광 등과 숙직한 관료들을 다 죽였다. 또 순찰군을 거느리고 밤에 태자궁에 이르러서 행궁별간 김거실, 원외랑 이인보 등을 죽이고, 또 천동택에 침입하여 별상원 10여 명을 죽였다. 이들은 부하를 시켜 길에서, "문인의 관을 쓴 자는 비록 서리라 하더라도 모두 죽이고 씨도 남겨 두지 말라"고 하였다. 그러자 사졸들이 벌떼같이 일어나 전에 이부판사로 벼슬에서 물러난 최보칭, 이부판사 허홍재, 동지추밀원사 서순, 지추밀원사 최온, 상서우승 김돈시, 국자감대사성 이지심, 비서감 김광중, 이부시랑 윤경신, 위위소경 조문귀, 대부소경 최윤서, 시랑 조문진, 내시소경 진현광, 시어사 박윤공, 병부낭중 강처약, 도성낭중 강처균, 봉어 전치유, 지후 배진·배연 등 50여 명을 찾아 죽였다. 왕이 더욱 두려워서 정중부를 불러 난을 중지시키려 했으나 정중부는 묵묵부답이었다. 왕이 곧 이고와 이의방을 응양용호군 중랑장에 임명하고, 그 밖의 무인들은 상장군에게는 수사공복야를, 대장군에게는 상장군벼슬을 더해 주었다. 정중부 등이 왕을 궁에 돌아오게 하였다.

(『고려사』 권128, 정중부전)

6. 가묘의 설립

상정소 제조(提調)인 이직·황희·변계량 등이 의논하여 아뢰길……만약 맏아들과 맏손자가 변변치 못해 다른 사람의 집에 더부살이를 하여 일가 사람의 도움을 받는다고 해도 끝내 사당을 세울 수 없는 경우에는 둘째 아들을 시켜 이를 할 수 있다. 맏아들이나 맏손자가 지금은 무력하고 의지할 데가 없더라도 나중에 사당을 세울 수 있는 경우에는, 둘째 아들이 『경제육전』에 규정된 '사당 세우기 불가능한 경우에 따른 규례'에 의거하여 깨끗한 방 한 칸을 골라서 신주(神主)를 받들게 하다가 맏아들이나 맏손자가 사당을 세우게 된 다음에는 신주를 돌려보내 받들게 한다. 이 밖에 맏아들이나 맏손자가 병신일지라도 집을 가지고 있는 이상에는 다 사당을 세울 것이며, 제사 때가 되면 둘째 아들을 시켜 제사를 대신 지내고, 『주자가례』의 규정대로 제사를 지내기 시작할 때에 자리에 들어가 참배하고 다른 곳에서 휴식하다가 제사가 끝나면 다시 자리에 들어가서 신주에게 하직한다.

(『세종실록』 권41, 세종 10년 9월 계해)

7. 퇴계향약 약문

부모에게 불순한 자(불효한 죄는 나라에서 정한 형이 있으므로 그 다음

죄만 들었다)

형제가 서로 싸우는 자(형은 그르고 아우가 곧으면 균등하게 벌하고, 형이 옳고 아우가 그르면 아우만 벌하며, 옳고 그름이 상반되면 형은 벌이 가볍고 아우는 무겁다)

집안의 도를 패란(悖亂)한 자(부부가 치고 싸우는 자, 본처가 패역하여 남녀 분별이 없는 자, 처와 첩의 위치를 뒤바꾼 자, 첩을 처로 삼은 자, 서자를 적자로 삼은 자, 적자로서 서얼을 사랑하지 않는 자, 서얼이 도리어 적자를 적멸하는 자)

일이 관부(官府)에 간섭되고 향풍(鄕風)에 관계되는 자

망령되어 위세를 지어 관을 흔들며 사사로움을 행하는 자

향장(鄕長)을 능욕하는 자

수절하는 과부를 유인하여 더럽힌 자

이상은 극벌(極罰) 상·중·하

친척이 화목하지 않는 자

본처를 박대하는 자(처가 죄 있는 자는 감등한다)

이웃과 화합하지 않는 자

동무들과 서로 치고 싸우는 자

염치를 돌보지 않고 선비의 기풍을 허물고 더럽힌 자

강함을 믿고 약한 이를 능멸하고 침탈하여 다투는 자

무뢰배와 당을 만들어 횡포한 일을 많이 행하는 자

공사(公私)의 모임에서 관의 정치를 시비하는 자

말을 만들고 거짓으로 사람을 죄에 빠뜨리게 하는 자

환난을 보고 힘이 미치는데도 앉아서 보고 구하지 않는 자

관가의 책임을 받고 공(公)을 빙자하여 폐해를 만드는 자

혼인·상제(喪祭)를 연고 없이 때를 지나는 자

집강(執綱 : 지금의 면장)을 업신여기며 향령(鄕令)을 좇지 않는 자

향론(鄕論)에 굴복하지 않고 도리어 원망을 품는 자

집강(執綱)이 사(私)에 따라 향참(鄕參)에 들인 자

구관(舊官)을 전송하는데 연고 없이 참여하지 않는 자

이상은 중벌(中罰) 상·중·하

공회(公會)에 늦게 도착한 자

문란하게 앉아 예의를 잃는 자

좌중에서 떠들썩하게 다투는 자
앉을 자리를 비워 놓고 편리한 대로 하는 자
연고 없이 먼저 나가는 자
이상은 하벌(下罰) 상·중·하

(『퇴계집』)

8. 조일수호조규

제1관 조선국은 자주국으로 일본국과 평등한 권리를 보유한다. 금후 양국이 화친의 성의를 표하고자 할진대 모름지기 서로 동등한 예의로써 상대할 것이며 추호도 경계를 넘어 침입하거나 시기하여 싫어함이 있어서는 아니 될 것이다. 우선 종전에 우의를 저해하는 화근이던 제 법규를 고치고 없애며, 관대하고 널리 통하는 법규를 만들고 확대하여 쌍방의 영원한 안녕을 기한다.

제4관 조선국 부산의 초량항(草梁項)에는 일본공관이 있어 다년간 양국인민의 통상지였다. 금후 종전의 관례와 세견선 등의 문제를 개혁하고 이번에 새로 의결되는 조관을 기준으로 삼아 무역사무를 처리한다. 그리고 조선국정부는 제5관에 기재하는 2개 항구를 개항하고 일본인이 왕래 통상함을 허가한다. 앞의 장소에서 토지를 임차하여 가옥을 짓거나 또는 조선인민의 주택을 임차하는 것은 각자의 뜻에 맡긴다.

제5관 경기, 충청, 전라, 경상, 함경 5도의 연해 중 통상에 편리한 항구 2개소를 선정한 후 지명을 지정한다. 개항 시기는 1876년 2월부터 기산하여 20개월 후로 한다.

제7관 조선국 연해도서의 암초는 종전에 조사를 하지 않은 까닭에 지극히 위험하므로 일본국의 항해자가 자유로 해안을 측량함을 허가하여 그 위치와 깊이를 명세히 하여 도지(圖誌)를 편찬하고 양국의 선객(船客)이 위험을 피하고 평온하게 항해할 수 있게 한다.

제8관 금후 일본국 정부는 조선국이 지정한 각 항에 그때 그때의 사정에 따라 일본상인을 관리하는 관원을 설치한다. 만약 양국이 교섭할 안건이 있을 때는 해당 관리는 그 곳 지방장관과 상의하여 처리한다.

제9관 양국은 이미 통호를 하였다. 양국 인민은 각자 임의로 무역한다. 양국 관리는 조금도 이에 간여하지 않으며 제한을 설정하거나 금지하고 방해하지 못한다. 만약 양국 상인이 사기판매를 하거나 빚을 갚지 않을 때는 양국 관원은 엄중히 해당국 상인을 취조하여 갚지 않은 빚을 변상하게 한다. 단 양국 정부는 이를 대신 갚을 이유가 없다.

제10관 일본국 인민이 조선국이 지정한 각 항에 재류중 만약 죄를 범하거나 조선국 인민에게 관계되는 사건은 모두 일본국 관원이 심의한다. 만약 조선국 인민이 죄를 범하고 일본국 인민에게 관계되는 사건은 모두 조선국 관원이 수사 재판한다. 단 쌍방이 다 각국 법률에 의거하여 재판하되 조금도 잘못을 비호하지 않고 극력 공평 타당한 재판을 한다.

(국회도서관 입법조사국,『구한말조약 휘찬』상, 1964, 9~12쪽)

9. 조선책략

지구 위에 더할 수 없이 큰 나라가 있으니, 러시아라고 한다. 그 땅의 넓음이 3대주에 걸쳐 있고, 육군 정병이 백여만 명이며, 해군의 큰 함정이 이백여 척이다. 다만 국가가 북쪽에 위치해 있어……선세(先世)인 표트르왕 이래 강토를 새로 개척하여 이미 전보다 열 배가 넘었다. 현재의 왕에 이르러서는 다시 사해를 포괄하고 팔방을 병합할 마음을 가지고, 중(中)아시아에서는 위구르 등 여러 부족을 차츰 침략하여 이제는 그것을 거의 다 차지하였다. 천하가 다 그의 뜻이 작은 데 있지 않음을 알고 이따금 서로 합종(合從)하여 항거하였다.…… 러시아가 서방 공략을 할 수 없게 되자, 계략을 변경하여 동쪽 강토를 공략하려 하였다. 십여 년 이래로 사할린을 일본에서 얻고 흑룡강의 동쪽을 중국에서 얻었으며, 또 토문강 어귀에 진을 치고 있어 그 형세는 마치 높은 집에서 물병을 거꾸로 세워놓은 듯하니, 그 경영에 남김없이 힘을 쏟는 것은 분명 아시아에서 뜻을 얻으려는 것이다.

조선 땅덩어리는 실로 아시아의 요충을 차지하고 있어, 형세가 반드시 다투게 마련이며, 조선이 위태로우면 중동(中東)의 형세도 날로 위급해질 것이다. 따라서, 러시아가 강토를 공략하려 할진대 반드시 조선으로부터 시작할 것이다.……

그렇다면, 오늘날 조선의 책략은 러시아를 막는 일보다 더 급한 것이 없을 것이다. 러시아를 막는 책략은 어떠한가? 중국과 친하고, 일본과 맺고, 미국과 이어짐으로써 자강을 도모할 따름이다.

중국과 친한다는 것은 무엇을 말함인가? 조선은 동·서·북이 러시아를 등지고 있으며 경계를 잇고 있는 것은 중국뿐이다. 중국은 땅이 크고 물자가 풍부하며 그 형국이 아시아를 차지하고 있기 때문에, 천하는 러시아를 제어할 나라로는 중국만한 나라가 없다고 생각하고 있다. 또한 중국이 사랑하는 나라로는 조선만한 나라가 없다.……

일본과 맺어야 한다는 것은 무엇을 말함인가? 중국 이외에 가장 가까운 나라는 일본뿐이다. 만일 일본이 땅을 잃으면 조선 8도가 스스로 보전할 수 없게 되고, 조선에 한 번 변고가 생기면 규슈(九州)·시코쿠(四國)가 안전하지 못할 것이다. 그러므로 일본과 조선은 실로 서로 의지해야 하는 형세에 놓여 있다.…… 미국과 이어져야 한다는 것은 무엇을 말함인가? 조선 동해로부터 곧장 가면 아메리카가 있으니, 곧 합중국이 도읍한 곳이다.…… 그 나라의 강성함은 유럽의 여러 대지와 더불어 동·서양 사이에 끼여 있기 때문에 항상 약소한 자를 돕고 공의(公義)를 유지하여 유럽 사람에게 그 악을 함부로 행사하지 못하게 하였다. 그 국세는 동양에 두루 가깝고 그 상업은 홀로 동양에서 성하였다. 조선으로서는 마땅히 항상 만 리 대양에 사절을 보내 그들과 더불어 수호해야 할 것이다. 하물며 그들이 연이어 사신을 보내어 조선과의 연결을 유지하려는 의사가 있음에 있어서라! 미국을 끌어들여 우방으로 삼으면 도움을 얻고 화를 풀 수 있을 것이다. 이것이 바로 미국과 이어져야 하는 까닭이다.……

통상에도 이득이 있다. 아시아 또한 천지의 중심부를 차지하고 있어 물산이 매우 풍성하다. 중국은 당·송 이래로 시박사를 설치, 외국 사람과 통상하여 대금으로 받은 금전은 모두 외국에서 굴러들어 왔으니 수백 년 이래 그 수는 이루 헤아릴 수 없이 많았다. 근일에 와서 중국의 금전이 조금 흘러 나가게 된 것은 아편을 먹기 때문이다. 일본이 통상의 폐해를 받게 된 것은 양복을 바꿔 입고 양화를 쓰기 때문이다. 만일 양약을 먹지 않고 양화를 쓰지 않는다면 통상에서 모두 이익을 볼 뿐, 해는 없을 것이다.

조선은 비록 메마르고 가난하기는 하지만, 그 땅에서 금·은이 생산되고 벼·보리가 생산되고 소가죽이 생산되니, 물산이 본디 풍요하지 않은 것은 아니다. 내가 지난 해 일본과 통상한 수량을 생각해 보건대, 수입한 화물 대금이 62만 원, 수출한 화물 대금이 68만 원이니 이 해에 7~8만 원은 소득이 되었다. 만일 잘 경영하여 차츰차츰 개척해 나가면 백성에게도 이익이 돌아갈 듯하고 관세 수입도 국용에 조금 보탬이 될 것이니, 이 또한 자강의 터전이라 할 것이다.

국가의 부에도 또한 이득이 있다. 영국의 삼도(三島)에는 석탄만 생산되고, 프랑스에는 포도만 생산되고, 페루에는 금·은만 생산되는데도 모두 부유하기로 천하에 소문 났다. 그 밖에 인도의 실과 차, 쿠바의 사탕, 일본의 솜 같은 것은 모두 예전에는 없던 것이 지금 있으니, 이는 인력으로 개발하여 마침내 큰 이익을 얻게 된 것이다.

조선은 토지가 오히려 기름지고 물품 역시 넉넉히 있으며, 그 인민 또한 매우 총명하고 일을 잘 한다. 저 남극의 오스트레일리아와 북극의 캄차카는 모두 예로부터 인적이 없던 곳인데도 오히려 황무지를 개척하여 옥토로 만들었는데, 하물며 본디 천하의 중앙에 위치한 조선에 있어서랴!

만약 서양학문에 종사하여 재정과 농사 권장에 힘을 다하고, 또 공업 육성에 힘을 다하고, 있는 것은 널리 심고 없는 것은 옮겨 심게 하면, 장래에는 역시 부국이 될 것이다. 더구나 토지에 금·은이 생산됨은 세상 사람이 다 함께 아는 바인데, 만일 서양 사람의 개광법(開鑛法)을 배워서 땅에 따라 찾아보고 때에 따라 채굴하면, 땅은 보화를 아끼지 않고 백성은 노는 사람이 없어져서 이익이 더욱 무궁할 것이니, 이 또한 자강의 터전이 될 것이다.……

(황준헌, 『사의조선책략』)

10. 개화의 등급

개화란 사람의 천만 가지 사물이 지극히 선하고 아름다운 이상적인 경지에 이르는 것을 말한다. 그런 까닭에 개화하는 경지란 사실상 한정하기 어려운 것이라 할 수밖에 없다. 사람들의 재주 및 능력의 정도 여하에 따라 그 등급의 고저가 생기지만, 사람들의 습속과 국가의 규모에 의하여 그 차이가 생기기도 한다. 이는 개화하는 과정이 한결같지 못한 연유이기도 하지만, 가장 요긴한 바는 사람이 하느냐 하지 않느냐에 달려 있는 것이다. 오륜으로 규정된 행실을 독실히 지켜서 사람으로서의 도리를 알면 이는 행실의 개화이며, 학문을 연구하여 만물의 이치를 밝히면 이는 학문의 개화이며, 국가의 정치를 정대하게 하여 국민들이 태평스러운 즐거움을 누린다면 이는 정치의 개화이며, 법률을 공평하게 하여 국민들이 억울한 일이 없도록 하면 이는 법률의 개화이며, 기계의 규모를 편리하게 하여 많은 사람에게 이용토록 하면 이는 기계의 개화이며, 물품의 제작을 정교하게 하여 사람들의 후생에 이바지하고 거칠고 조잡한 일이 없도록 한다면 이는 물품의 개화인 것이다. 이처럼 여러 조목에 걸친 개화를 총합한 연후에라야 골고루 개화를 했다고 말할 수 있는 것이다. 세계의 어느 나라를 돌아보든지 간에 개화가 극진한 경지에 이른 나라는 없다. 그러나 대강 그 등급을 구별해 보면 개화한 자, 반개화한 자, 미개화한 자 등의 세 가지로 나누어 볼 수가 있다.

개화한 자란 천만 가지 사물의 이치를 따져 밝히고 경영하여 날마다 새롭고 또 날마다 새롭기를 기약하는 것을 가리킨다. 때문에 그 진취적인 기상이 웅장하여 사소한 게으름도 찾아볼 수 없으며, 또 사람을 대접하는 데도 언어와 행동거지를 공손하고 단정하게 하여 능한 자를 본받으며 능치 못한 자를 불쌍하게 여기되, 모욕하는 기색을 나타내지 않으며, 야비스러운 용모를 갖지 않음으로써 지위의 귀천이라든가, 형세의 강약에 의해 인품의 구별을 하지 않는 일 등을 말한다. 나아가 온 국민들이 합심하여 앞에서 열거한 바와 같이 여러 조목에 걸친 개화에 공동 노력하는 상태를 말하는 것이다.

반개화한 자란 사물의 깊은 이치를 따져 연구하지 않으며, 경영도 소홀히 하여 구차하고 또한 고식적인 계획과 의사로써 작은 이룸에 만족하고, 장구한 계책이 없는 경우를 가리킨다. 그러나 스스로 만족하게 여기는 마음은 있어서 사람을 접대할 때, 능한 자에게 마음을 허락하는 일이 드물고 능치 못한 자를 모욕하여 항상 거만한 기색을 띠며, 망령된 생각으로 스스로를 높이되 귀천과 강약이라는 지위와 형세로 인품을 심하게 구별하는 경우를 말한다. 그렇기 때문에 국민들은 각각 자기 일신만의 영화와 욕심을 위해 노력할 뿐, 앞에서 열거한 바와 같은 여러 조목에 걸친 개화에는 전혀 마음을 쓰지 않는 자들을 말하는 것이다.

미개화한 자란 야만스런 종족을 가리킨다. 천만 가지 사물에 알맞는 규모와 제도가 없을 뿐더러, 애당초부터 경영에도 관심이 없으며, 능한 자가 어떠한지 능치 못한 자가 어떠한지 분별조차 못할 정도여서 거처와 음식에도 일정한 법도가 존재치 않는 경우를 말한다. 또 사람을 접대함에 있어서도 기강과 예법이 없기 때문에 하늘 아래에서 가장 불쌍한 자들이라 하겠다.……

개화하는 일을 주장하고 힘써서 실천하는 자는 개화의 주인이요, 개화하는 자를 부러워하며 배우기를 기뻐하고 갖기를 좋아하는 자는 개화의 빈객이며, 개화하는 자를 두려워하고 미워하되 마지못하여 따르는 자는 개화의 노예라고 할 수밖에 없다.……

개화에는 실상의 개화와 허명의 개화라는 두 가지가 있다. 실상의 개화란 사물의 이치와 근본을 깊이 연구하며 고증하여 그 나라의 처지와 시세에 합당케 하는 것을 가리킨다. 그리고 허명의 개화란 사물에 관한 지식이 부족하되, 타인의 좋은 형편을 보고는 부럽거나 두려워서 그러든지, 앞뒤를 생각할 양식도 없이 덮어놓고 시행하기만을 주장하여 재물을 소비하기만 하여, 실용에 닿을 만한 정도에는 미치지도 못하는 수가 많다. 외국과 처음으로 거래를 한 자가 일차적으로는 허명의 개화를 겪지만, 오랜 세월 동안 한량없이 많은 경력을 거치고 난 다음에야 비로소 실상의 개화 단계로 접어들게 되는 것이다. 그런 까닭으로 타인의 장기를 취하고자 하는 자는 결단코 외국의 기계를 사들이거나 기술자를 고용하지 말고, 무엇보다도 먼저 자기 나라 국민으로 하여금 그것에 관련되는 기술을 배우도록 하여 그 일에 종사케 하는 것이 옳다. 사람의 재주란 무궁무진하지만 재물에는 일정한 한도가 있는 법이다. 만약 자기 나라 국민이 그것에 관련되는 기술을 익힌다면 당장에 이로울 뿐 아니라 국내에 그 기술을 전파케 하여 그 보람이 후세에까지 미치게 될 것이다. 그러나 외국의 기계를 사 들여왔을 경우 그 기계가 못 쓰게 되면 기계는 다시 없게 된 셈이며, 기술자를 고용하면 기술자가 가버릴 때는 기술자는 다시 없게 된 셈이다. 어떠한 기계와 어떠한 기술자를 다시 고용해야 하는데 정말로 이러한 일을 되풀이한다면 우리들로서는 재물만을 허비하고 마는 것이다. 이렇게 허비하는 재물이 어디로부터 나온단 말인가. 결국은 국민들에게 그 폐해가 돌아갈 따름인 것이다.……

(유길준, 『서유견문』, 375~384쪽)

11. 사발통문

각리 리집강 귀하(各里里執綱 座下)

위와 같이 격문을 사방으로 전하니 논의가 들끓었다. 매일 난망(亂亡)을 구가하던 민중들은 곳곳에 모여서 말하되 "났네 났어, 난리가 났어", "에이 참, 잘 되었지. 그냥 이대로 지내서야 백성이 한 사람이라도 남아 있겠는가?" 하며 그 날이 오기만 기다리더라.

이 때에 도인(道人)들은 선후책(善後策)을 토의 결정하기 위하여 고부 서부면 죽산리 송두호의 집에 도소(都所)를 정하고 매일 운집하여 순서를 결정하니 그 결의된 내용은 아래와 같다.

1. 고부성을 격파하고 군수 조병갑을 효수할 것.
1. 군기창과 화약고를 점령할 것.
1. 군수에게 아첨하여 인민의 것을 빼앗은 탐리(貪吏)를 공격하여 징계할 것.

1. 전주영을 함락하고 경사(京師)로 바로 향할 것.

위와 같이 결의가 되고 따라서 전략에 능하고 만사에 민활한 영도자가
될 장……(이하 판독 불능)

(『나라사랑』 15집, 1974, 134쪽)

12. 가쓰라 태프트 협약

제1 미국 내의 친러주의자들이 이번 러일전에서의 일본의 승리가 장차
필리핀에 대한 일본 침략의 전초가 될 것임을 미국 국민들에게 확신시키
려 하고 있다는 이야기를 하였다. 태프트는 자기 생각으로는 필리핀이 미
국과 같은 강국의 우호적인 국민에 의하여 통치될 것이며 따라서 이 섬을
자치하기에는 아직 적당치 않은 토착인이나 비우의적인 유럽의 어느 강국
에게든 맡기지 않을 것임을 밝혔다. 가쓰라(桂)는 이 점에 관하여 태프트
의 견해가 극히 정당하다는 것을 강도높게 확인하였다. 또한 일본은 필리
핀에 대하여 어떠한 종류의 침략적 야욕도 갖고 있지 않으며 모든 황화론
(黃禍論)은 일본을 모함하는 악랄하고도 저열한 유언비어에 불과하다고
부언하였다.

제2 가쓰라는 극동에서의 일반적 평화의 유지를 일본 국제정치의 근본
원리로 삼고 있다고 말하였다. 그러므로 그는 태프트와 이러한 원리를 보
증하기 위한 가장 효과적인 방책에 대하여 의견을 교환할 것을 열망하였
다. 그의 의견에 의하면 이상의 목적을 달성하기 위한 최고의 그리고 실제
로 실현가능한 유일한 방책은 이 탁월한 원리에 공통의 이익을 가지고 있
는 일·영·미 3국의 우호적 이해를 획득해 내는 것이다. 가쓰라는 이 점
에 관한 미국의 전통적 정책을 이해하고 미국이 타국과 이러한 성질의 형
식적 동맹을 체결하는 것이 불가능하다는 것을 충분히 인정하였다. 그러나
자기들의 공통적 이해에 비추어 볼 때, 적어도 극동문제에 관한 한 3국은
동맹을 체결할 수 있다고 생각하였다. 확고히 얻어진 이와 같은 이해로써
이들 지역에서의 일반적 평화가 용이하게 유지될 수 있다면 관련 제국 모
두에게 큰 이익이 될 것이다. 태프트는 미국 대통령은 상원의 동의 없이는
이처럼 비밀스럽고 비공식적인 이해를 하기는 곤란하며 실제로도 불가능
한 일임을 이야기하였다. 그러나 아무런 협약이 없더라도 미국 국민은 극
동에서의 평화유지 문제에 대하여 일·영 양 국민과 견해를 완전히 같이
하고 있기 때문에 여하한 사건이 발생할 경우, 일·영 양국과 보조를 같이

할 것이고 이는 미국이 조약에 규정된 의무를 행하는 것이나 마찬가지라고 확신하여도 무방하다고 말하였다.

제3 가쓰라는 조선문제에 관해 다음과 같이 밝혔다. 조선은 대러시아 전쟁의 직접적 원인이므로 전쟁의 논리적 결과로서 조선문제를 완전히 매듭짓는 것은 일본에게는 절대적으로 중요하다. 전후에도 그대로 방치해 둔다면 조선은 그 관습에 따라 타국과의 협약이나 조약을 체결할 것이고 그렇게 되면 전전에 존재하였던 바와 다름없는 국제분쟁을 야기시키게 될 것이다. 이러한 사정에 비추어 조선이 이전 상태로 돌아가 일본으로 하여금 다시 대외전쟁을 일으키게 할 가능성을 완전히 제거하기 위해서 어떠한 결정적 수단을 취하지 않을 수 없다고 말하였다.

태프트는 가쓰라의 이러한 인식이 정당하다는 것을 충분히 확인하고 개인적으로는 일본이 무력을 통해 '일본의 허락 없이는 조선이 어떠한 대외조약도 체결할 수 없다'는 요구를 할 수 있을 정도의 '보호'를 획득하는 것은 대러전쟁의 논리적 귀결이며 이는 극동의 항구적인 평화유지에 공헌하리라고 생각한다고 말하였다. 사실 태프트는 미국 대통령으로부터 이 점에 대해서는 아무런 위임도 받지 못하였기 때문에 어떤 보증도 할 수 없었다. 따라서 이러한 견해를 밝힐 때 스스로 미묘한 입장에 처해 있음을 느꼈다. 그러나 그는 가쓰라가 이 문제에 대한 토의에 큰 열정을 갖고 있었기 때문에 그 같은 의견을 밝히는 것을 거부할 수 없었다.

(일본외무성, 『일본외교연표와 주요문서』상, 1955, 239~240쪽)

13. 을사조약

일본국정부와 한국정부는 양 제국을 결합하는 이해(利害) 공통의 주의를 공고히 하고자 한국의 부강의 실을 인정할 수 있을 때까지 이 목적을 위하여 아래의 조관을 약정함.

제1조 일본국정부는 동경의 외무성을 경유하여 금후에 한국이 외국에 대한 관계 및 사무를 감리, 지휘할 것이요, 일본국의 외교대표자 및 영사는 외국에서의 한국의 신민 및 이익을 보호할 것임.

제2조 일본국정부는 한국과 타국 간에 현존하는 조약의 실행을 완수하는 임무를 담당하고 한국정부는 금후 일본국정부의 중개를 거치지 않고서는 국제적 성질을 가진 어떤 조약이나 약속을 맺지 않을 것을 서로 약속

함.

　제3조 일본국정부는 그 대표자로 한국 황제폐하의 궐하에 1명의 통감을
두되 통감은 오로지 외교에 관한 사항을 관리하기 위하여 경성에 주재하
고 친히 한국 황제폐하를 내알할 권리를 가짐. 일본국정부는 또한 한국의
각 개항장 및 기타 일본국정부가 필요하다고 인정하는 지역에 이사관을
설치할 권리를 갖되 이사관은 통감의 지휘 하에 종래 재한국 일본영사에
게 속했던 모든 직권을 집행하고 아울러 본 협약의 조관을 완전히 실행하
기 위하여 필요로 하는 모든 사무를 맡아 처리할 것임.

　제4조 일본국과 한국 사이에 현존하는 조약 및 약속은 본 협약에 저촉하
지 않는 한 모두 그 효력이 계속됨.

　제5조 일본국정부는 한국황실의 안녕과 존엄을 유지할 것을 보증함.

　　　　　(국회도서관 입법조사국,『구한말조약 휘찬』상, 1965, 74~80쪽)

14. 한일합병조약

　일본국 황제폐하 및 한국 황제폐하는 양국 간에 특수하고도 친밀한 관
계를 고려하여 상호의 행복을 증진하며 동양평화를 영구히 확보하고자 하
며 이 목적을 달성하기 위하여 한국을 일본제국에 병합하는 것이 선책이
라고 확신한다. 이에 양국 간에 병합조약을 체결하기로 결정하고 이를 위
해 일본국 황제폐하는 통감 데라우치 마사타케(寺內正毅) 자작을, 한국 황
제폐하는 내각총리대신 이완용을 각각 전권위원으로 임명하였다. 그러므
로 위 전권위원은 합동 협의하고 아래의 제조(諸條)를 협정하였다.

　제1조　한국 황제폐하는 한국 전부에 관한 모든 통치권을 완전 또는 영
구히 일본 황제폐하에게 양여한다.

　제2조　일본국 황제폐하는 전조에 기재한 양여를 수락하고 한국을 일본
제국에 완전히 병합하는 것을 승낙한다.

　제3조　일본국 황제폐하는 한국 황제폐하·황태자전하 및 그 후비와 후
예에게 각각의 지위에 비추어 상당한 존칭 위엄 및 명예를 향유하게 하며
또 이것을 유지하는 데 충분한 세비를 공급할 것을 약속한다.

　제4조　일본국 황제폐하는 전조 이외의 한국 황족 및 그 후예에게도 각
각 상응하는 명예 및 대우를 향유하게 하며 또 이것을 유지하는 데 필요한
자금의 공급을 약속한다.

　제5조　일본국 황제폐하는 훈공 있는 한국인으로서 특히 표창에 적당하

다고 인정된 자에게 영작(榮爵)을 수여하고 은급을 준다.

　제6조　일본국정부는 위 병합의 결과로 완전히 한국의 시정을 담당하고 동지에서 시행하는 법규를 준수하는 한인의 신체 및 재산을 충분히 보호해 주며 또 그들 전체의 복리증진을 도모한다.

　제7조　일본국정부는 성의를 갖고 충실히 신제도를 존중하는 한국인으로서 상당한 자격을 가진 자를 사정이 허락하는 한 한국에서 일본제국 관리로 등용할 것이다.

　제8조　본 조약은 일본국 황제폐하 및 한국 황제폐하의 재가를 받은 것으로서 공포일로부터 시행한다.

(『조선총독부관보』1호)

15. 조선민족운동에 대한 대책

　조선인 사이에 사상이 더욱 악화되는 경향이 있다는 것은 말할 필요도 없다. 그러나 근래 조선 청년들은 기존의 성급하고 열광적인 운동이 효과가 없음을 깨닫고 점차 실력을 양성하여 일본의 속박에서 벗어나 독립을 회복하려 하고 있다. 근래 배움을 중시하는 경향이 현저해진 점이나 지방 도처에 청년회가 설립되고 있는 점 등이 그 증거이다.

　비록 지금 그 효과는 미미하다 해도 이러한 노력이 계속된다면 결국 상당히 강대한 실력을 양성하게 되어, 그 결과는 미리 헤아리기 어려울 만큼 중대해질 것이다. 그러므로 우리 사명은 조선인을 지도·인도하여 도와주는 데 있으며 따라서 그들이 자각하여 열심히 실력양성에 힘쓰는 것은 기뻐할 만한 일이다. 그러나 그 목적은 경계할 필요가 있다. 생각건대 앞으로 일어날 운동은 작년 봄에 일어난 만세소동 같은 어린애 장난은 아닐 것이다. 그 근저에는 앞으로 실력을 갖춘 조직적 운동으로 발전할 가능성이 있음을 예상하고 이에 대해 각오를 다져 두어야 한다.

　그러나 압박을 가해 이것을 질식시킨다는 것은 결코 바람직하지 않다. 물론 그렇다고 해서 아무 방책도 강구하지 않고 그대로 내버려 둔다는 것은 위험스럽기 짝이 없다. 오히려 이러한 경향을 이용하여 이를 일선(日鮮) 병합의 대정신과 대이상인 일선동화로 귀결시켜야 한다. 그 방책은 위력 있는 문화운동뿐이다. 오늘날 우리는 이 문화운동으로 1천 5백만 반도인을 잘못된 사상에서 벗어나게 하고 일선병합의 대정신과 대이상 속에서 살아가게 해야 한다.

조선인의 사상은 근래 더욱 착실해지고 있고 게다가 앞서 말한 바와 같은 기운이 이 문화운동에 가장 적합한 상황을 만들어 내고 있다. 따라서 바로 지금이야말로 문화운동이 충분한 효과를 거둘 수 있을 때이다.……

이와 같은 견지에서 별지에 시국에 대한 대책을 강구하여 기재하니, 조금이라도 참고가 된다면 다행이겠다.

안(案)

1. 친일단체 조직의 필요

……정부정책에 잘 따르는 민간유지에게 암암리에 조선인 중 진정 우리와 같은 이상과 정신을 지니고 목숨을 바쳐 이 일을 담당하고자 하는 중심적 친일인물을 물색하게 한다. 그리고 그 인물에게 귀족, 양반, 유생, 부호, 실업가, 교육자, 종교인 등 각각 그 계급과 사정에 맞게 각종 친일단체를 조직하게 한다. 그리고 상당한 편의와 원조를 해주어 충분히 활동할 수 있도록 한다.

1. 종교적 사회운동

불교

불교는 이조 5백 년 동안 압박을 받아 사회적 세력이 실추된 것 같지만 민간에는 상당한 신앙적 세력이 있다. 그러니 이를 부흥시켜 국민신앙의 귀착점으로 삼는 일이 무엇보다 중요하다. 그러나 현재의 불교계처럼 그 부흥을 조선승려에게 일임하고서는 성공을 기대하기 매우 어렵다. 그러므로 일선인(日鮮人)이 제휴하여 불교적 사회운동을 일으키고 이를 위해 사찰령을 개정하고 불교진흥기관을 설치할 필요가 있다.……

기독교

최근 조선인 기독교도 중에는 미국인 선교사에게 반감을 품는 자가 많고 미국인으로부터 독립하여 순수한 독립교회를 만들고 싶어하는 자가 적지 않다. 그러므로 정부정책에 잘 따르는 일본인 민간유지에게 이를 조종하게 하는데, 상당한 편의와 원조를 해주고 점차 그 확장을 도모케 하여 장래 총독 문화정책을 선전하는 기관으로 삼을 것.

잡교

장차 천도교(청림교·제우교) 문제는 크게 강구할 필요가 있다. 그러므로 이 기회에 차라리 일본인 유력자를 고문으로 삼아 당국의 방침에 기초하여 포교할 것을 맹세하게 하고 그 권고에 따르는 자에게는 상당한 편의를 주되 만약 따르지 않을 때는 엄중히 이를 단속하고 경우에 따라서는 해산시킬 것.

1. 인재양성
조선문제를 해결하는 요점은 친일인물을 다수 확보하는 데 있다. 그러므로 이 기회에 정부정책에 잘 따르는 민간유지에게 상당한 편의와 원조를 해주고 수재교육이라는 이름 하에 이들을 양성하게 하는 것이 가장 필요하다.…

1. 유식자(遊食者)의 구제
여기에서 유식자란 상당한 학식을 갖추고 일찍이 관계(官界)나 사회에서 상당한 위치에 있었으나, 현재는 일정한 직업이 없이 놀고 먹는 자 및 양반유생 중 무산자를 가리킨다.……

1. 일선자본가의 연계
근래 조선인 부호는 민심의 과격화를 매우 두려워한다. 때문에 한편으로 자위의 길을 강구하는 동시에, 일선융화의 실을 거두는 한 방법으로 민간에서 정부정책에 잘 따르는 자에게 하나의 기관을 설립하게 한다. 이 기회에 내선자본가 사이에 다리를 놓아 조선측에 장래 자본가 대 노동자, 지주 대 소작인 관계의 추세를 설명하고, 일본측에 내선자본가의 제휴가 조선의 개발 및 조선문제의 해결에 극히 긴요한 이유를 설명함으로써 그 실현을 도모할 것.

1. 농촌지도
원래 조선은 농업국이고 따라서 인민의 대다수는 농민이다. 그 지식수준이 아직 대단히 낮아 지도 여하에 따라 이를 움직일 수 있다. 그러므로 이 기회에 민간유지에게 상당한 편의와 원조를 해주고 조선농촌 지도에 노력할 필요가 있다. 그 방법으로 조선내 각 면에 일선융화의 취지에 따른 수제회(脩齊會) 같은 단체를 조직하고 면장을 회장으로 추대하고 거기에 간사, 평의원 등을 두고 유지를 우두머리로 삼는다. 이 단체에는 국유임야를 불하하거나 혹은 입회를 허가하는 등 당국의 양해를 얻어 여러 편의를 줄 것.

1. 선전기관의 설치 또는 이용
이 같은 목적을 철저히 달성하기 위해서는 매일신보 같은 것을 이용하고 당국은 항상 조선 내에서 문필 종사자에게 때때로 그 방침을 제시하여 동일한 태도 아래 힘을 다하게 할 필요가 있다. 비밀선전기관을 설립하여 유식자를 이용하거나 문서와 말로 선전을 하여 불령선인을 무너뜨리는 한 방법으로 삼아야 한다.

이상 모든 방면에서 각 단체의 참모역을 맡은 민간유지는 연락을 취해 항상 당국의 방침에 기초, 상호간에 의사소통을 원활히 하여 일선병합의 대정신으로 동일한 행동에 나서게 해야 한다.

요컨대 위와 같은 방법으로 친일파와 배일파를 판별하여 배일파에게는 직·간접으로 그 행동을 구속할 방책을 마련하고 친일파에게는 사정이 허락하는 한 편의와 원조를 할 필요가 있다.

(고려서림 편, 『齋藤實文書』 9, 143~158쪽)

16. 조선혁명선언

1

강도 일본이 우리의 국호를 없이 하며, 우리의 정권을 빼앗으며, 우리의 생존적 필요조건을 다 박탈하였다. 경제의 생명인 산림·천택(川澤)·철도·광산·어장…내지 소공업 원료까지 다 빼앗아 일체의 생산기능을 칼로 베이며 도끼로 끊고, 토지세, 가옥세, 인구세, 가축세, 백일세(百一稅), 지방세, 주초세(酒草稅), 비료세, 종자세, 영업세, 청결세, 소득세… 기타 각종 잡세가 날로 증가하여 혈액은 있는 대로 다 빨아가고, 어지간한 상업가들은 일본의 제조품을 조선인에게 매개하는 중간인이 되어 차차 자본집중의 원칙 하에서 멸망할 뿐이오, 대다수 인민 곧 일반농민들은 피땀을 흘리어 토지를 갈아, 그 일년 내내 소득으로 자기 한 몸과 처자의 호구거리도 남기지 못하고, 우리를 잡아먹으려는 일본 강도에게 갖다 바치어 그 살을 찌워주는 영원한 소·말이 될 뿐이오, 끝내는 그 소·말의 생활도 못하게 일본 이민의 수입이 해마다 높고 빠른 비율로 증가하여 '딸깍발이' 등쌀에, 우리 민족은 발 디딜 땅이 없어 산으로 물로 서간도로 북간도로 시베리아의 황야로 몰리어 가 굶주린 귀신으로부터 떠돌아다니는 귀신이 될 뿐이며,

강도 일본이 헌병정치·경찰정치를 힘써 행하여 우리 민족이 한 발짝의 행동도 마음대로 못하고, 언론·출판·결사·집회의 일체 자유가 없어, 고

통과 울분과 원한이 있으면 벙어리의 가슴이나 만질 뿐이오, 행복과 자유의 세계에는 눈 뜬 소경이 되고, 자녀가 나면 '일어를 국어라, 일문을 국문이라' 하는 노예양성소 - 학교로 보내고, 조선 사람으로 혹 조선사를 읽게 된다 하면 '단군을 속여 스사노오노 미코토(素戔嗚尊)의 형제'라 하며 '삼한시대 한강 이남을 일본이 다스리는 땅'이라 한 일본놈들이 적은 대로 읽게 되며, 신문이나 잡지를 본다 하면 강도정치를 찬미하는 반(半)일본화한 노예적 문자뿐이며, 똑똑한 자제가 난다 하면 환경의 압박에서 세상을 비관하고 절망하는 타락자가 되거나 그렇지 않으면 '음모사건'의 명칭 하에 감옥에 구류되어, 주리를 틀고 목에 칼을 씌우고, 단근질 · 채찍질 · 전기질, 바늘로 손톱 밑과 발톱 밑을 쑤시는, 팔다리를 달아매는, 콧구멍에 물 붓는, 생식기에 심지를 박는 모든 악형, 곧 야만 전제국의 형률(刑律) 사전에도 없는 갖은 악형을 다 당하고 죽거나, 요행히 살아 감옥문에서 나온대야 평생 불구의 폐인이 될 뿐이라. 그렇지 않을지라도 발명 창작의 본능은 생활의 곤란에서 단절하며, 진취 활발의 기상은 처한 형편의 압박에서 소멸되어 '찍도 쩩도' 못하게 각 방면의 속박 · 채찍질 · 구박 · 압제를 받아, 바다에 둘러싸인 삼천리가 하나의 큰 감옥이 되어, 우리 민족은 아주 인류의 자각을 잃을 뿐 아니라, 곧 자동적 본능까지 잃어 노예부터 기계가 되어 강도 수중의 사용품이 되고 말 뿐이며,

강도 일본이 우리의 생명을 지푸라기로 보아, 을사 이후 13도의 의병 나던 각 지방에서 일본군대가 행한 폭행도 이루 다 적을 수 없거니와, 즉 최근 3 · 1운동 이후 수원 · 선천 등의 국내 각지부터 북간도 · 서간도 · 노령 연해주 각처까지 도처에 주민을 도륙한다, 촌락을 불지른다, 재산을 약탈한다, 부녀를 능욕한다, 목을 끊는다, 산 채로 묻는다, 불에 사른다, 혹 몸을 두 동가리 세 동가리로 내어 죽인다, 아동을 잔혹하게 다룬다, 부녀의 생식기를 파괴한다 하여 할 수 있는 데까지 참혹한 수단을 써서 공포와 전율로 우리 민족을 압박하여 인간의 '산 송장'을 만들려 하는도다.

이상의 사실에 따라 우리는 일본 강도정치 곧 이족(異族) 통치가 우리 조선민족 생존의 적임을 선언하는 동시에, 우리는 혁명수단으로 우리 생존의 적인 강도일본을 죽여 없앰이 곧 우리의 정당한 수단임을 선언하노라.

2

내정독립이나 참정권이나 자치를 운동하는 자 - 누구이냐?

너희들이 '동양평화', '한국독립보전' 등을 담보한 맹약이 먹도 마르지 아니하여 삼천리 강토를 집어먹던 역사를 잊었느냐? '조선인민 생명재산자유

보호' '조선인민 행복증진' 등을 신명(申明)한 선언이 땅에 떨어지지 아니하여 이천만의 생명이 지옥에 빠지던 실제를 못 보느냐? 3·1운동 이후에 강도일본이 또 우리의 독립운동을 완화시키려고 송병준·민원식 등 한두 매국노를 시키어 이 따위 미친 주장을 부름이니, 이에 부화뇌동하는 자 - 맹인이 아니면 어찌 간사한 무리가 아니냐?

설혹 강도일본이 과연 관대한 도량이 있어 이들의 요구를 허락한다 하자, 소위 내정독립을 찾고 각종 이권을 찾지 못하면 조선민족은 온통 굶주린 귀신이 될 뿐이 아니냐? 참정권을 획득한다 하자, 자국의 무산계급의 혈액까지 착취하는 자본주의 강도국의 식민지 인민이 되어 몇몇 노예 대의사(代議士)의 선출로 어찌 굶어죽는 화를 면하겠느냐? 자치를 얻는다 하자, 그 어떤 자치임을 막론하고 일본이 그 강도적 침략주의의 간판인 '제국'이란 명칭이 존재한 이상에는, 여기에 딸려 있는 조선인민이 어찌 구구한 자치의 헛된 이름으로써 민족적 생존을 유지하겠느냐?

설혹 강도일본이 갑자기 부처·보살이 되어 하루아침에 총독부를 철폐하고 각종 이권을 다 우리에게 돌려주며, 내정과 외교를 다 우리의 자유에 맡기고 일본의 군대와 경찰을 일시에 철수하며, 일본의 이주민을 일시에 소환하고 다만 이름뿐인 종주권만 가진다 할지라도 우리가 만일 과거의 기억이 모두 없어지지 아니하였다 하면 일본을 종주국으로 받든다 함이 '치욕'이란 명사를 아는 인류로는 못할지니라.

일본 강도 정치 하에서 문화운동을 부르는 자 - 누구이냐?

문화는 산업과 문물의 발달한 총적(總積)을 가리키는 명사니 경제약탈의 제도 하에서 생존권이 박탈된 민족은 그 종족의 보전도 의문이거든, 하물며 문화발전의 가망이 있으랴? 쇠망한 인도족·유태족도 문화가 있다 하지만, 하나는 금전의 힘으로 그 조상의 종교적 유업을 계속함이며, 하나는 그 토지의 넓음과 인구의 많음으로 오랜 옛날 자유롭게 발달한 남은 혜택을 지킴이니, 어디 모기와 등에같이, 승냥이와 이리같이 사람의 피를 빨다가 골수까지 깨무는 강도일본의 입에 물린 조선 같은 데서 문화를 발전 혹 지킨 전례가 있더냐? 검열·압수 모든 압박중에 몇몇 신문·잡지를 가지고 '문화운동'의 목탁으로 스스로 떠들며, 강도의 비위에 거스르지 아니할 만한 언론이나 주창하여 이것을 문화발전의 과정으로 본다 하면, 그 문화발전이 도리어 조선의 불행인가 하노라.

이상의 이유에 따라 우리는 우리의 생존의 적인 강도일본과 타협하려는 자(내정독립·자치·참정권 등을 주장하는 자)나 강도정치 하에서 기생하려는 주의를 가진 자(문화운동자)나 다 우리의 적임을 선언하노라.

3

　강도 일본의 구축을 주장하는 가운데 또 다음과 같은 논자들이 있으니, 첫째는 외교론이니, 이조 오백년 문약정치가 '외교'로써 나라를 지키는 으뜸 계책으로 삼아 그 말세에 더욱 심하여, 갑신 이래 유신당·수구당의 성쇠가 거의 외원(外援)의 유무에서 판결되며, 위정자의 정책은 오직 이 나라를 끌어들여 저 나라를 제압함에 불과하였고, 그 의뢰하는 습성이 일반 정치사회에 전염되어 즉 갑오·갑진 양 전쟁에 일본이 수십만의 생명과 수억만의 재산을 희생하여 청·러 양국을 물리치고, 조선에 대하여 강도적 침략주의를 관철하려 하는데 우리 조선의 '조국을 사랑한다, 민족을 건지려 한다' 하는 이들은 한 자루의 칼과 한 방의 총알로 어리석고 탐욕스러우며 포악한 관리나 나라의 원수에게 던지지 못하고, 청원서나 여러 나라 공관에 던지며 탄원서나 일본정부에 보내어 국세의 외롭고 약함을 슬피 호소하여 국가존망·민족사활의 대문제를 외국인 심지어 적국인의 처분으로 결정하기만 기다리었도다. 그래서 '을사조약', '경술합병' - 곧 '조선'이란 이름이 생긴 뒤 몇천 년 만의 처음 당하던 치욕에 조선민족의 분노적 표시가 겨우 하얼빈의 총, 종로의 칼, 산림유생의 의병이 되고 말았도다.

　아! 과거 수십 년 역사야말로 용기 있는 자로 보면 침뱉고 욕할 역사가 될 뿐이며, 어진 자로 보면 상심할 역사가 될 뿐이다. 그리고도 나라가 망한 이후 해외로 나아가는 아무개 지사들의 사상이 무엇보다도 먼저 '외교'가 그 제1장 제1조가 되며, 국내 인민의 독립운동을 선동하는 방법도 '미래의 미일전쟁·러일전쟁 등 기회'가 거의 천편일률의 문장이었고, 최근 3·1운동에 일반 인사의 '평화회의 국제연맹'에 대한 과신의 선전이 도리어 이천만 민중의 용기있게 분발하여 전진하는 의기를 쳐없애는 매개가 될 뿐이었도다.

　둘째는 준비론이니, 을사조약의 당시에 여러 나라 공관에 빗발돋듯 하던 종이쪽지로 넘어가는 국권을 붙잡지 못하며, 정미년의 헤이그밀사도 독립회복의 복음을 안고 오지 못하매, 이에 차차 외교에 대하여 의문이 되고 전쟁 아니면 안 되겠다는 판단이 생기었다. 그러나 군인도 없고 무기도 없이 무엇으로써 전쟁하겠느냐? 산림유생들은 춘추대의에 성패를 생각하지 않고 의병을 모집하여 높은 관을 쓰고 도포를 입은 채로 지휘의 대장이 되며, 사냥 포수의 화승총을 몰아가지고 조일(朝日)전쟁의 전투선에 나섰지만 신문 쪼가리나 본 이들 - 곧 시세를 짐작한다는 이들은 그러할 용기가 아니 난다. 이에 '오늘 이 시간에 곧 일본과 전쟁한다는 것은 망발이다. 총도 장만하고 돈도 장만하고 대포도 장만하고 장관이나 졸병감까지라도 다 장만한 뒤에야 일본과 전쟁한다' 함이니, 이것이 이른바 준비론 곧 독립전쟁을 준비하자 함이다. 외세의 침입이 더할수록 우리의 부족한 것이 자꾸 느껴지고, 그 준비론의 범위가 전쟁 이외까지 확장되어 교육도 진흥해야겠다, 상공업도 발전해야겠다, 기타 무엇 무엇 일체가 모두 준비론의 부분이 되었다. 경술 이후 각 지사들이 혹 서·북간도의 삼림을 더듬으며, 혹 시베리아의 찬바람에 배부르며, 혹 남·북경으로 돌아다니며, 혹 미주나 '하와이'로 돌아가며, 혹 경향에 출몰하여 십여 년 내외 각지에서 목이 터질 만치 준비! 준비!를 불렀지만, 그 소득이 몇 개 불완전한 학교와 실력 없는 모임뿐이었다. 그러나 그들의 성의 부족이 아니라 실은 그 주장의 착오이다. 강도일본이 정치·경제 양 방면으로 구박을 주어 경제가 날로 곤란하고 생산기관이 전부 박탈되어 입고 먹을 방법도 단절되는 때에 무엇으로? 어떻게? 실업을 발전하며, 교육을 확장하며, 더구나 어디서? 얼마나? 군인을 양성하며, 양성한들 일본 전투력의 백분의 일에 비교되게라도 할 수 있느냐? 실로 한바탕의 잠꼬대가 될 뿐이로다.

이상의 이유에 의하여 우리는 '외교', '준비' 등의 미몽을 버리고 민중 직접혁명의 수단을 취함을 선언하노라.

4

조선민족의 생존을 유지하자면 강도일본을 구축할지며, 강도일본을 구축하자면 오직 혁명으로써 할 뿐이니, 혁명이 아니고는 강도일본을 구축할 방법이 없는 바이다.

그러나 우리가 혁명에 종사하려면 어느 방면부터 착수하겠느뇨?

구시대의 혁명으로 말하면, 인민은 국가의 노예가 되고 그 이상에 인민을 지배하는 상전 곧 특수세력이 있어 그 소위 혁명이란 것은 특수세력의 명칭을 변경함에 불과하였다. 다시 말하자면 곧 '을'의 특수세력으로 '갑'의 특수세력을 변경함에 불과하였다. 그러므로 인민은 혁명에 대하여 다만 갑·을 양 세력 곧 신·구 양 상전 중 누가 더 어질고 누가 더 포악하며 누가 더 선하고 누가 더 악한가를 보아 그 향배를 정할 뿐이요, 직접 관계가 없었다. 그리하여 '임금의 목을 베어 백성을 위로한다'가 혁명의 유일한 근본 취지가 되고 '한 도시락의 밥과 한 종지의 장으로써 임금의 군대를 맞아들인다'가 혁명사의 유일한 미담이 되었거니와, 오늘날 혁명으로 말하면 민중이 곧 민중 자기를 위하여 하는 혁명인 고로 '민중혁명'이라 '직접혁명'이라 칭함이며, 민중 직접의 혁명인 고로 그 비등·팽창의 뜨거운 정도가 숫자상 강약 비교의 관념을 타파하며, 그 결과의 성패가 매양 전쟁학상의 정해진 궤도에서 벗어나 돈없고 군대없는 민중으로 백만의 군대와 억만의 부력(富力)을 가진 제왕도 타도하며 외국의 도적도 구축하나니, 그러므로 우리 혁명의 첫 걸음은 민중각오의 요구니라.

민중이 어떻게 각오하느뇨?

민중은 신인(神人)이나 성인이나 어떤 영웅호걸이 있어 '민중을 각오'하도록 지도하는 데서 각오하는 것도 아니요, '민중아, 각오하자', '민중이여, 각오하여라' 그런 열렬한 부르짖음의 소리에서 각오하는 것도 아니오.

오직 민중이 민중을 위하여 일체 불평·부자연·불합리한 민중향상의 장애부터 먼저 타파함이 곧 '민중을 각오케' 하는 유일방법이니, 다시 말하자면 곧 먼저 깨달은 민중이 민중의 전체를 위하여 혁명적 선구가 됨이 민중 각오의 첫째 길이니라.

일반 민중이 굶주림·추위·피곤·고통·처의 울부짖음·어린애의 울음·납세의 독촉·사채의 재촉·행동의 부자유·모든 압박에 졸리어, 살려니 살 수 없고 죽으려 하여도 죽을 바를 모르는 판에, 만일 그 압박의 주인되는 강도정치의 시설자인 강도들을 때려누이고, 강도의 일체 시설을 파괴하고, 복음이 사해에 전하며 뭇 민중이 동정의 눈물을 뿌리어, 이에 사람마다 '굶어죽음' 이외에 오히려 혁명이란 한 길이 남아 있음을 깨달아, 용기있는 자는 그 의분에 못 이기어 약한 자는 그 고통에 못 견디어, 모두 이 길로 모여들어 계속적으로 진행하며 보편적으로 전염하여 거국일치의 대혁명이 되면 간사·교활·잔혹·포악한 강도일본이 마침내 구축되는 날이라. 그러므로 우리의 민중을 깨우쳐 강도의 통치를 타도하고 우리 민족의 새로운 생명을 개척하자면 양병(養兵) 십만이 한 번 던진 폭탄만 못하며 억천 장 신문·잡지가 한 차례 폭동만 못할지니라.

민중의 폭력적 혁명이 발생치 아니하면 그만이거니와, 이미 발생한 이상에는 마치 낭떠러지에서 굴리는 돌과 같아서 목적지에 도달하지 아니하면 정지하지 않는 것이라, 우리 지나온 경과로 말하면 갑신정변은 특수세력이 특수세력과 싸우던 궁중의 한때 활극이 될 뿐이며, 경술 전후의 의병들은 충군애국의 대의로 분격하여 일어난 독서계급의 사상이며, 안중근·이재명 등 열사의 폭력적 행동이 열렬하였지만 그 뒷면에 민중적 역량의 기초가 없었으며, 3·1운동의 만세소리에 민중적 일치의 의기가 언뜻 보였지만 또한 폭력적 중심을 가지지 못하였도다. '민중·폭력' 둘 가운데 하나만 빠지면 비록 천지를 뒤흔드는 장렬한 거동이라도 또한 번개같이 수그러지는도다.

조선 안에 강도일본이 제조한 혁명원인이 산같이 쌓이었다. 언제든지 민중의 폭력적 혁명이 개시되어 '독립을 못하면 살지 않으리라', '일본을 구축하지 못하면 물러서지 않으리라'는 구호를 가지고 계속 전진하면 목적을 관철하고야 말지니, 이는 경찰의 칼이나 군대의 총이나 간사·교활한 정치가의 수단으로도 막지 못하리라.

혁명의 기록은 자연히 처절하고 장엄한 기록이 되리라. 그러나 물러서면 그 뒤에는 어두운 함정이요, 나아가면 그 앞에는 빛나는 활기이니, 우리 조선민족은 그 처절하고 장엄한 기록을 기리면서 나아갈 뿐이니라.

이제 폭력 – 암살 파괴 폭동 – 의 목적물을 대략 열거하건대,

1. 조선총독 및 각 관공리
2. 일본천황 및 각 관공리
3. 정찰꾼·매국노
4. 적의 일체 시설물

이외에 각 지방의 신사나 부호가 비록 현저히 혁명운동을 방해한 죄가 없을지라도 만일 언어 혹 행동으로 우리의 운동을 완화하고 중상하는 자는 우리의 폭력으로써 마주할지니라. 일본인 이주민은 일본 강도정치의 기계가 되어 조선민족의 생존을 위협하는 선봉이 되어 있은즉 또한 우리의 폭력으로 구축할지니라.

5

혁명의 길은 파괴부터 개척할지니라. 그러나 파괴만 하려고 파괴하는 것이 아니라 건설하려고 파괴하는 것이니, 만일 건설할 줄을 모르면 파괴할 줄도 모를지며, 파괴할 줄을 모르면 건설할 줄도 모를지니라. 건설과 파괴가 다만 형식상에서 보아 구별될 뿐이요 정신상에서는 파괴가 곧 건설이니, 이를테면 우리가 일본세력을 파괴하려는 것이,

첫째는 이족(異族)통치를 파괴하자 함이다. 왜? '조선'이란 그 위에 '일본'이란 이족 그것이 전제(專制)하여 있으니, 이족 전제의 밑에 있는 조선은 고유적 조선이 아니니, 고유적 조선을 발견하기 위하여 이족통치를 파괴함이니라.

둘째는 특권계급을 파괴하자 함이다. 왜? '조선민중'이란 그 위에 총독이니 무엇이니 하는 강도단의 특권계급이 압박하여 있으니, 특권계급의 압박 밑에 있는 조선민중은 자유적 조선민중이 아니니, 자유적 조선민중을 발견하기 위하여 특권계급을 타파함이니라.

셋째는 경제약탈제도를 파괴하자 함이다. 왜? 약탈제도 밑에 있는 경제

는 민중 자기가 생활하기 위하여 조직한 경제가 아니요, 곧 민중을 잡아먹으려는 강도의 살을 찌우기 위하여 조직한 경제니 민중생활을 발전하기 위하여 경제약탈제도를 파괴함이라.

넷째는 사회적 불평균을 파괴하자 함이다. 왜? 약자 위에 강자가 있고 천한 자 위에 귀한 자가 있어 모든 불평균을 가진 사회는 서로 약탈, 서로 박탈, 서로 질투, 서로 원수로 보는 사회가 되어, 처음에는 소수의 행복을 위하여 다수의 민중을 해치다가 마지막에는 또 소수끼리 서로 해치어 민중 전체의 행복이 끝내 숫자상의 공(空)이 되고 말 뿐이니, 민중 전체의 행복을 증진하기 위하여 사회적 불평균을 파괴함이니라.

다섯째는 노예적 문화사상을 파괴하자 함이다. 왜? 전해 내려오는 문화사상의 종교·윤리·문학·미술·풍속·습관 그 어느 무엇이 강자가 제조하여 강자를 옹호하던 것이 아니더냐? 강자의 오락에 공급하던 도구가 아니더냐? 일반 민중을 노예화하던 마취제가 아니더냐? 소수계급은 강자가 되고 다수민중은 도리어 약자가 되어 불의의 압제를 반항치 못함은 전혀 노예적 문화사상의 속박을 받은 까닭이니, 만일 민중적 문화를 제창하여 그 속박의 철쇄를 끊지 아니하면, 일반 민중은 권리사상이 박약하며 자유 향상의 흥미가 결핍하여 노예의 운명 속에서 윤회할 뿐이라. 그러므로 민중문화를 제창하기 위하여 노예적 문화사상을 파괴함이니라.

다시 말하자면 '고유적 조선의', '자유적 조선민중의', '민중적 경제의', '민중적 사회의', '민중적 문화의' 조선을 건설하기 위하여 '이족통치의', '약탈제도의', '사회적 불평등의', '노예적 문화사상의' 현상을 타파함이라. 그런즉 파괴적 정신이 곧 건설적 주장이라. 나아가면 파괴의 '칼'이 되고 들어오면 건설의 '깃발'이 될지니, 파괴할 기백은 없고 건설할 어리석은 생각만 있다 하면 오백 년을 경과하여도 혁명의 꿈도 꾸어 보지 못할지니라. 이제 파괴와 건설이 하나요 둘이 아닌 줄 알진대, 민중적 파괴 앞에는 반드시 민중적 건설이 있는 줄 알진대, 현재 조선민중은 오직 민중적 폭력으로 신조선 건설의 장애인 강도 일본세력을 파괴할 것뿐인 줄을 알진대, 조선민중이 한편이 되고 일본 강도가 한편이 되어, 네가 망하지 아니하면 내가 망하게 된 '외나무다리 위'에 선 줄을 알진대, 우리 이천만 민중은 일치하여 폭력 파괴의 길로 나아갈지니라.

민중은 우리 혁명의 대본영이다.

폭력은 우리 혁명의 유일한 무기이다.

우리는 민중 속에 가서 민중과 손을 잡고

끊임없는 폭력 - 암살·파괴·폭동으로써

강도 일본의 통치를 타도하고,
우리 생활에 불합리한 일체 제도를 개조하여
인류로써 인류를 압박치 못하며,
사회로써 사회를 박탈치 못하는 이상적 조선을 건설할지니라.

(『개정판 단재 신채호전집』하, 1977, 35~46쪽)

17. 심적 신체제와 조선문화의 진로

내선일체는 단순한 정책적 슬로건이 아니라 이것은 우리들 조선민중에게는 생활 전체를 의미한다. 나 자신의 사활 문제요 내 자손의 사활 문제다. 이러한 중대 문제에 마주치기는 인생으로서 극히 희한한 일이다. 나는 이 문제에 대하여서 어떻게 처리할 것인가.……"대체 내선일체란 무엇이냐 하면 내가 재래의 조선적인 것을 버리고 일본적인 것을 배우는 것이다. 일언이폐문하면 이것이다. 그리하여서 조선 2천 3백만이 모두 호적을 들추어 보기 전에는 일본인인지 조선인인지 구별할 수 없게 되는 것이 그 최후의 이상이다. 그러므로 내선일체가 되고 아니 되는 것은 오직 나의 노력 여하에 달린 것이다. 그런데 이것이 일조일석에 될 것은 아니지마는 우선 일본 국민이기에 필요한 것은 성화같이 습득하지 아니하면 아니 될 것이니 이것이 빨리 되면 빨리 조선인에게 행복이 오고 더디게 되면 더디게 행복이 오고, 만일 조선인이 이 공부에 게으르면 마침내 올 것이 아니 오고 말 것이다."

그러면 그 시급한 것이 무엇이냐. 그것은 첫째가 황실에 대한 충성의 정조의 함양이다. 일본인의 황실에 대한 감정은 실로 독특한 것이어서 조선인으로서 그 정도에 달하자면 깊고 많은 공부가 필요한 것이다. 항용 우리 조상네가 충군애국이라든 그러한 충이 아니다.……

조선인은 이 점을 바로 파악하여야 한다. 그 순간부터 내게 있는 모든 것은 다 천황께서 주신 것으로 따라서 언제든지 천황께 바칠 것으로 깨달아야 한다. 이것이 마음의 신체제의 초석이다.……그러므로 매일 아침 7시의 궁성요배에 조선인은 특별한 정성과 기쁨으로써 할 것이다.

둘째로 나는 종래의 불평의 감정을 청산하고 그 자리에 감사를 대입하지 않으면 아니 된다.……만일 30년 전 탐관의 포학과 도적의 횡행으로 인민이 안도하지 못하던 것을 아는 자이면 금일의 치안이 얼마나 고마운가를 알 것이다. 언제 우리가 이만한 교육혜택을 받았던가, 언제 우리가 이만한 교통위생·문화의 시설을 가졌던가, 또 언제 우리가 이만한 부력(富力)을 가졌던가. 허심탄회하게 이런 것들을 생각할 때에 아무리 전형적인 불평가라 할지라도 이 은혜는 승인하지 않을 수 없을 것이다.……

우리는 일상 생활에서 각자의 황민화적 개조에 매진하여야 할 것이다. 심적 신체제는 일상 생활에 실현되고서야 비로소 완성이 될 것이다.

오전 6시의 사이렌을 듣고 일어나서 소세를 하는 것은 관리나 상인이나 문사나 무릇 모든 일본인은 다 하여야 할 일이다. 신불이나 대궐에 박수 참배하고 또 사당이나 불단에 합장하거나 배례하고 그리고 가정주부, 어른, 아이 할 것 없이 일가족 동원으로 비와 쓰레받기와 걸레를 들고 가내와 문전을 청소할 것이오, 7시의 사이렌이 울거든 궁성요배를 할 것이다. 이 모양으로 하는 것은 일종의 종교적 경건으로 할 것이다.……

모든 직역에서 우리는 병사요 직공이요 관리이기 때문에 우리는 각각 명령체제 속에 있는 것이다. 명령계통의 질서는 오직 복종으로만 유지되는 것이니 신체제의 국민생활은 오직 복종의 생활이다. 이 복종에는 통제력도 있지마는 자발적으로 기쁘게 즐겁게 복종할 때에 그 속에서 우리는 신체제의 자유와 쾌미를 느끼는 것이다. 어째서 그런가 하면 우리의 복종은 노예의 복종이 아니다. 일억일심으로 성취하려는 대사업을 위한 기쁨의 복종이요 만민예찬의 광영적 복종이다.

그러다가 정오의 사이렌이 울매 우리는 각자 재소에서 작업을 정지하고 마음을 모아서 황군용사의 무운장구와 전몰영령을 위하여서 감사와 기원의 기도를 하는 것이다.…… 우리는 이미 반도인이 아니요 대일본제국을 부담한 황국신민이다. 우리의 일적혈(一滴血) 일적즙(一滴汁)은 하나도 허에 돌아감 없이 아시아 건설자로서의 일본의 광휘 있는 새 역사를 적는 귀한 묵즙이 되는 것이다. 조선인은 모름지기 구각을 선탈(蟬脫)할 것이다. 삼천리 강산이라든지 이천만 동포라든지 하는 구관념 구감정의 협애한 껍데기를 분연히 벗고 아시아 대륙과 태평양과 인도양을 국토로 하고 일억의 황민을 동포로 하는 신민족관념과 감정을 회포할 것이다.……

오늘날 일본인이 맨먼저 되어야 할 것은 참된 일본인이 되는 일이다. 심적 신체제를 완성한 일본인이 되는 일이다. 이것은 다만 애국적인 일만이 아니라 진실로 아시아 제 민족 전체를 위하여서 그러한 것이다.……조선인은 쉽게 말하면 제가 조선인인 것을 잊어야 한다. 기억할 필요가 없는 것이다. 나는 일찍 조선인의 동화는 일본신민이 되기에 넉넉한 정도면 그만이라는 생각을 가진 일이 있었다. 그러나 나는 지금에 와서는 이러한 신념을 가진다. 즉 조선인은 전혀 조선인인 것을 잊어야 한다고, 아주 피와 살

과 뼈가 일본인이 되어버려야 한다고, 이것에 진정으로 조선인의 영생의
유일로가 있다고.

　그러므로 조선의 문인 내지 문화인의 심적 신체제의 목적은 첫째로 자
기를 일본화하고 둘째로는 조선인 전체를 일본화하는 일에 전 심력을 바
치고 셋째로는 일본의 문화를 앙양하고 세계에 발양하는 문화전선의 병사
가 됨에 있다. 조선문화의 장래는 여기에 있는 것이다. 이러하기 위하여서
조선인은 그 민족감정과 전통의 발전적 해소를 여행할 것이다. 이 발전적
해소를 가르쳐서 내선일체라고 하는 것이라고 믿는다. 조선인은 협애하던
밀실에서 광활한 천지에 대답보로 나올 것이다. 그들은 황은의 고마우심과
전도의 양양함에 감격할 것이다.

(이광수, 『매일신보』, 1940년 9월 4~12일자)

18. 대한민국건국강령

제1장　총강

　1. 우리 나라는 우리 민족이 반만 년래로 공통한 말과 글과 국토와 주권
과 경제와 문화를 가지고 공통한 민족정기를 길러 온 우리끼리로써 형성
하고 단결한 고정적 집단의 최고조직임.

　2. 우리 나라의 건국정신은 삼균제도(三均制度)에 역사적 근거를 두었
으니 선민(先民)이 명명한바 '수미균평위(首尾均平位)하면 흥방보태평(興
邦保泰平)'이라 하였다. 이는 사회 각층 각급이 지력과 권력과 부력의 향
유를 균평하게 하여 국가를 진흥하며 태평을 보유하라 함이니 홍익인간과
이화세계하자는 우리 민족이 지킬 바 최고 공리임.

　3. 우리 나라의 토지제도는 국유에 유법(遺法)을 두었으니 선현의 통론
한바 "준성조지공분수지법(遵聖祖至公分授之法)하여 혁후인사유겸병지폐
(革後人私有兼倂之弊)"라 하였다. 이는 문란한 사유제도를 국유로 환원하
라는 토지혁명의 역사적 선언이다. 우리 민족은 고규(故規)와 신법을 참호
하여 토지제도를 국유로 확정할 것임.

　4. 우리 나라의 대외주권이 상실되었을 때에 순국한 선열은 우리 민족에
게 동심복국(同心復國)할 것을 유촉(遺囑)하였으니 이른바 망아동포(望我
同胞)는 물망국치(勿亡國恥)하고 견인노력(堅忍努力)하여 동심동덕으로
이한외모(以捍外侮)하여 복아독립(復我獨立)하라 하였다. 이는 전후 순국
한 수십만 선열의 전형적 유지로써 현재와 장래의 민족정기를 고동함이니

우리 민족의 노소남녀가 영세 불망(不忘)할 것임.

　5. 우리 나라의 독립선언은 우리 민족의 혁혁한 혁명의 발인이며 신천지의 개벽이니 이른바 "우리 조국이 독립국임과 우리 민족이 자유민임을 선언하노라. 이로써 세계만방에 고하여 인류평등의 대의를 천명하여 이로써 자손만대에 고하여 민족자존의 정권(正權)을 영유하라" 하였다. 이는 우리 민족이 삼일헌전을 발동한 원기이며 동년 4월 11일에 13도 대표로 조직된 임시의정원은 대한민국을 세우고 임시정부와 임시헌장 10조를 창조 발표하였으니 이는 우리 민족의 자력으로써 이족전제를 전복하고 오천년 군주정치의 구각(舊殼)을 파괴하고 새로운 민주제도를 건립하며 사회의 계급을 소멸하는 제일보의 착수이었다. 우리는 대중의 핏방울로 창조한 신국가 형성의 초석인 대한민국을 절대로 옹호하여 확립함에 공동혈전할 것임.

　6. 임시정부는 13년(1931) 4월에 대외선언을 발표하고 삼균제도의 건국 원칙을 천명하였으니 이른바 "보통선거제도를 실시하여 정권을 균(均)하고 국유제도를 채용하여 이권을 균하고 공비(公費)교육으로써 학권을 균하며 국내외에 대하여 민족자결의 권리를 보장하여서 민족과 민족, 국가와 국가와의 불평등을 과감히 제거할지니 이로써 국내에 실현하면 특권계급이 곧 없어지고 소수민족의 침몰을 면하고 정치와 경제와 교육권리를 고르게 하여 높낮음이 없게 하고 동족과 이족에 대하여 또한 이러하게 한다" 하였다. 이는 삼균제도의 제1차 선언이니 이 제도를 발양 확대할 것임.

　7. 임시정부는 이상에 근거하여 혁명적 삼균제도로써 복국(復國)과 건국을 통하여 일관한 최고 공리인 정치 · 경제 · 교육의 균등과 독립 · 민주 · 균치(均治)의 3종 방식을 동시에 실시할 것임.
　　……

(『대한민국임시정부에 관한 참고문건』 제1집)

19. 태평양주둔 미군사령관 포고령 1호

조선인민에게 고함.
　태평양방면 미육군총사령관으로서 본관은 이에 다음과 같이 포고한다.
　일본천황과 일본국정부의 명에 의거하고 또 그를 대표하여, 그리고 일본제국 대본영의 명에 의거, 그를 대표하여 조인된 항복문서의 조항에 의하여, 본관 휘하에 있는 승리에 빛나는 군대는 금일 북위 38도선 이남의 조선영토를 점령하였다.

조선인민의 오랫동안의 노예상태 및 적당한 시기에 조선을 해방 독립시키려는 연합국의 결심을 명심하여, 조선인민은 점령의 목적이 항복문서의 제 조항을 이행하고 그 인간적 종교적 권리를 보호하는 데 있다는 사실을 새롭게 확신하여야 할 것이다. 따라서 조선인민은 이 목적을 위하여 적극적으로 원조, 협력해야 할 것이다.

본관은 태평양방면 미육군총사령관으로서 본관에게 부여된 권한으로써 이에 북위 38도선 이남의 조선 및 조선인민에 대한 군정을 펴면서 다음과 같은 점령에 관한 조건을 포고한다.

제1조 북위 38도선 이남의 조선영토와 조선인민에 대한 최고통치권은 당분간 본관의 권한 하에 시행된다.

제2조 정부, 공공단체 및 기타의 명예직원과 고용인 또는 공익사업, 공중위생을 포함한 전 공공사업기관에 종사하는 유급 또는 무급 직원과 고용인 그리고 기타 제반 중요한 사업에 종사하는 자는 별도의 명령이 있을 때까지 종래의 정상 기능과 업무를 수행할 것이며 모든 기록 및 재산을 보호 보존하여야 한다.

제3조 모든 주민은 본관 및 본관의 권한 하에서 발포한 일체의 명령에 즉각 복종하여야 한다. 점령군에 대한 일체의 반항행위 또는 공공의 안녕을 교란하는 행위를 감행하는 자에 대해서는 가차없이 엄벌에 처할 것이다.

제4조 주민의 재산권은 이를 존중한다. 주민은 본관의 별도의 명령이 있을 때까지 일상의 직무에 종사한다.

제5조 군정기간에 있어서는 영어를 모든 목적에 사용하는 공용어로 한다. 영어 원문과 조선어 또는 일본어 원문에 해석 또는 정의가 불명하거나 같지 않을 때에는 영어 원문을 기본으로 한다.

제6조 앞으로 모든 포고·법령·규약·고시·지시 및 조례는 본관 또는 본관의 권한 하에서 발포될 것이며, 주민이 이행해야 할 사항들을 명기하게 될 것이다.

(시사연구소 편, 『광복30년사』, 1977, 9~10쪽)

20. 한일기본협정

제1조 양 체약 당사국 간에 외교 및 영사관계를 수립한다. 양 체약 당사국은 대사급 외교사절을 지체없이 교환한다. 또한 양 체약 당사국은 양국

정부에 의하여 합의되는 장소에 영사관을 설치한다.

제2조 1910년 8월 22일 및 그 이전의 대한제국과 일본제국 간에 체결된 모든 조약 및 협정이 이미 무효임을 확인한다.

제3조 대한민국정부가 국제연합총회의 결의 제195(Ⅲ)호에서 명시된 바와 같이 한반도에 있어서의 유일한 합법정부임을 확인한다.

제4조 ㉮ 양 체약 당사국은 양국 상호관계에 있어서 국제연합헌장의 원칙을 지침으로 한다.

㉯ 양 체약 당사국은 양국의 공동의 복지 및 공동의 이익을 증진함에 있어 국제연합헌장의 원칙에 합당하게 협력한다.

제5조 양 체약 당사국은 양국의 무역, 해운 및 기타 통상상의 관계를 안정되고 우호적인 기초 위에 두기 위한 조약 또는 협정을 체결하기 위해 실행 가능한 한 조속히 교섭을 시작한다.

제6조 양 체약 당사국은 민간항공운수에 관한 협정을 체결하기 위한 교섭을 실행 가능한 한 조속히 시작한다.

제7조 본 조약은 비준되어야 한다. 비준서는 가능한 한 조속히 서울에서 이를 교환한다. 본 조약은 비준서가 교환된 날로부터 효력을 발생한다.

(동아일보사, 『동아연감』, 1967, 686~691쪽)

찾아보기

이민식(李民植)

- 고려대학교 사학과 졸업
- 교원대학교 대학원 역사과 박사
- 교원대학교 역사과 강사
- 現 대림전문대학 교수
- 논저 : 『黎明期初 韓美關係史 硏究』 외 다수

이지원(李智媛)

- 연세대학교 사학과 졸업
- 연세대학교 대학원 사학과 석사
- 서울대학교 대학원 역사교육과 박사과정 수료
- 現 대림전문대학 조교수
- 논저 : 「1930년대 前半 民族主義 文化運動論의 성격」, 「1920년대 민족주의자
  들의 民族觀과 '國粹'인식」 외 다수

한국문화사

—

이민식 · 이지원 지음

초판 1쇄 발행 · 1998년 2월 25일
초판 2쇄 발행 · 1999년 2월 27일
초판 3쇄 발행 · 2000년 2월 25일
발행처 · 도서출판 혜안
발행인 · 오일주
등록번호 · 제22 - 471호
등록일자 · 1993년 7월 30일
121 - 210 서울 마포구 서교동 326 - 26
전화 · 3141 - 3711, 3712
팩시밀리 · 3141 - 3710

값 7,500원

ISBN 89 - 85905 - 53 - 8 03910